学而书坊 —— 学而时习之 不亦说乎

The Teacher's Sourcebook for Cooperative Learning:
Practical Techniques, Basic Principles, and
Frequently Asked Questions

George M. Jacobs, Michael A. Power, Loh Wan Inn

合作学习
实用技能、基本原则及常见问题

[新加坡] 乔治·M.雅各布斯
[美] 迈克尔·A.帕瓦 著
[新加坡] 劳·范恩

林晶晶 马兰 译

宁波出版社

浙江大学重大基础理论研究专项课题"面向意义学习的现代教学设计模式研究"成果之一

作者简介

About the Authors

乔治·M.雅各布斯（George M. Jacobs）是来自新加坡的一名教育咨询专家，主要工作是给中小学和大学提供教育咨询建议。他拥有夏威夷大学教育心理学博士学位和伊利诺伊大学芝加哥分校语言学硕士学位。自1988年以来，他一直在教授合作学习课程，发表了许多合作学习领域的文章，也是《学会合作学习：教师教育课程资料手册》(1997)的共同作者。他是国际教育合作研究协会理事会成员及通讯编辑。他还专门从事第二语言学习的研究工作，并参与编辑了一本关于第二语言教学活动的注释文献著作。雅各布斯最新合作撰写了《简明生本学习策略》一书(新班级教学译丛，2017，宁波出版社)。

迈克尔·A.帕瓦（Michael A. Power）拥有夏威夷大学教育心理学博士学位，同时他也是该校以英语作为第二语言研究领域的硕士。他是华盛顿学区美世岛教学与评估总监。他在美国、日本、英国还有韩国教授英语，多年来一直在太平洋地区开展教学策略培训（包括合作学习）。帕瓦最新合作撰写了《简明生本学习策略》一书（新班级教学译丛，2017，宁波出版社）。

劳·范恩（Loh Wan Inn）拥有新泽西州立大学科学教育学士学位，并获得都柏林大学三一学院教育（荣誉）和艺术硕士学位。她是英国生物学研究所一名特许生物学家，曾在美国、新加坡、爱尔兰和澳大利亚居住和工作，教授科学、数学、科学教育、环境教育、合作学习、课程设计和多元智能。她对合作学习充满兴趣，将其作为学前和中学科学教育模块的一部分引入科学课程。她还是多元智力和科学设计训练营的培训教师，写过幼儿故事书和科学教育书。她同时还是一些环保组织的成员。

戴维·谢里尔（David Sherrill）和鲍勃·吉布森（Bob Gibson）为本书提供了若干教学案例。

译者简介
About the Translators

马兰,杭州师范大学教育学院教授,主要研究方向为教学理论/教学设计。编著有《合作学习》(高等教育出版社,2005)、《课堂教学设计:整体化取向》(浙江教育出版社,2011)、《教学设计》(高等教育出版社,2012)、《多彩合作课堂》(福建教育出版社,2013)、《教师教学设计能力发展》(浙江大学出版社,2016)等著作。曾主持省、部级多项课题研究,多次获得省、部级优秀教学成果奖和科研成果奖。在《教育研究》《课程教材教法》《人民教育》等刊物发表论文20余篇。2014年获颁"浙江省高校优秀教师"称号。2008年被评为杭州师范大学"教学十佳"。

林晶晶，浙江大学教育学院教育博士，现任浙江大学宁波理工学院外语学院教师。2003年获华中师范大学英语语言文学学士和法学学士双学位，2009年获上海外国语大学英语语言文学硕士学位。主要研究领域为外语教学和教师教育，曾在国家级和省级期刊发表论文多篇。拥有CATTI二级笔译证书，多次为地方企业和交易会担任口、笔译译员，多次获国家级、区级和省级口笔译大赛优秀指导教师称号。2016年成为加拿大英属哥伦比亚大学访问学者。

中文版前言

Chinese Version Introduction

　　合作为社会的许多方面提供了强大的力量。因此，许多文化都提倡合作，这并不奇怪。例如，影响印度尼西亚、马来西亚和新加坡的马来文化便推崇"合作互助"（gotong royang）这一概念，这意味着社区精神。人们互相帮助——无论是协助着在房屋上建造一个新屋顶，还是帮助面临挑战如准备考试的社区成员。

　　同样，中国文化也鼓励合作。其中有两个概念尤为突出：关系（建立关系）和人情（偿还礼数）。帮助别人的时候，我们也帮助了自己。例如，在教育方面，我们告诉学生"教别人等于自己学两次"，即学生在合作学习时，会加深自身的认识。

　　虽然大多数人都认为合作多有裨益，但许多学生缺乏与同伴一起学习时所需的技能和态度。我们希望本书能在这方面起到作用。本书列举了促进生生合作的原则，并结合能调动这些原则的实用策略来展开。

　　本书所呈现的八大合作学习原则分别是同时互动原则、平等参与原则、责任到人原则、积极互赖原则、小组自治原则、异质分组原则、合作价值原则和合作技能原则。本书将对这些原则进行简要说明（请读者注意，其他有关合作学习和协作学习的书中所使用的原则可能略有不同）。

　　同时互动原则有两个焦点。第一个焦点是同伴互动同时发生，例如50名学生配对学习，那么将同时发生25次同伴互动。同时互动原则的另一个焦点

O The Teacher's Sourcebook for
Cooperative Learning

O 合作学习
 O 实用技能、基本原则及常见问题

涉及同伴互动的质量,即观察学生是否能互相解释,还是彼此间只提供答案。

平等参与原则意味着小组的每位成员都有机会表达自己的想法并完成小组任务的一部分,人人都要参与。责任到人原则代表了参与机会平等的另一面。是的,所有成员都可参与,他们需要利用这些机会去做公平的分享。

最重要的合作学习原则或许是积极互赖原则,这意味着学生感受到他们的成果与其他成员的成果是呈正相关的。学生认为对小组成员有利就是对其他成员有利,而对小组成员有害就是对其他成员有害。当学生感受到与小组成员的积极互赖关系时,他们将竭尽全力,帮助小组成员取得最优表现。

小组自治是合作学习的另一原则,这意味着小组尝试独立解决问题。当问题出现时,学生往往先向小组成员或邻近小组寻求帮助。当然,教师也可以提供帮助,但是学生往往先依靠同伴。异质分组原则支持小组自治,因为小组是组内构成多样性的缩影。小组成员的以往成就、社会经济地位和族裔群体等方面有所差异,从而形成了强大的小组。

合作技能是一个重要的原则,因为除非学生用适当的技能和态度来合作,否则他们的互动将是空谈,他们不太可能会产生积极互赖关系。最后要强调的是,积极互赖不仅可以在两人、三人和四人的组内产生,而且可以在整个班级、整所学校和其他领域产生。合作价值原则旨在促进积极互赖的扩大。

感谢你阅读本书。我们已坚持使用合作学习的原则几十年,并且已经看到了它在教学中,以及我们与教师和其他人的合作中展示出的力量。在阅览《纽约每日新闻》时,我们看到很多缺乏合作的实例。我们希望,当学生从课堂上的合作中受益时,他们会期待在其他生活领域的合作,从而使世界变得更美好、更快乐、更安全。

乔治·M. 雅各布斯
2017 年 1 月 29 日

前 言

Introduction

琳达·巴洛什（Lynda Baloche, 1998）谈到自己初为人师的日子时提及，她很快就意识到学生对同学要比对她或她所要教的东西更感兴趣。琳达决定利用学生对同伴的兴趣来引入小组活动。然而这些活动有的成功了，有的失败了；琳达不知道为什么有些活动成功了，有些活动却失败了。这一切听来是否很熟悉？

当琳达开始阅读有关合作学习的书和文章时，她取得了很大的突破：

我发现自己一直以来所尝试的居然是合作学习。我发现了能运用到教学中的基本原则。这很令我兴奋，我对此着迷了。我确信自己在6周左右的时间内就能掌握它。(p.2)

现在已经过去了25年，琳达在这些年中一直在多种教学情境中顺利地开展合作学习。事实上，她在近十年前就撰写了有关合作学习的书，且从未停下学习的脚步。

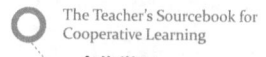

合作学习
实用技能、基本原则及常见问题

什么是合作学习

约翰逊等人（Johnson, Johnson, & Holubec, 1993）将合作学习定义为："在教学中采用小组的方式使学生之间协同努力，充分地发挥自身及其同伴的学习优势"（p.9）。

我们的定义是：合作学习包含一系列帮助学生最有效地协同努力的原则和方法。

我们的定义最主要的不同之处在于，我们并不用"小组"这个词。我们希望强调合作学习，并认为合作学习的价值远在小组之上。约翰逊等人对这一点也十分赞同。

本书的写作目的包括两个方面：第一，帮助那些像琳达一样刚刚走上讲台，试图在课堂教学中开展合作学习但又不知从何下手的教师，和他们一起分享合作学习的八个关键原则及其运用范例。我们把书的第一编称为"合作学习基础"。

如同琳达所意识到的，我们有一大堆关于合作学习的东西要去学。本书的第二个目的是为那些准备采用合作学习的教师提供新见解。我们注意到了许多有关合作学习的争论和质疑。在实践中，在观察其他教师对合作学习的实践的基础上，在培训了数以千计的教师的同时，我们收集、整理了和合作学习有关的问题，形成了本书第二编的内容：合作学习实施的常见问题。

我们希望所有的教师，无论是学前教师还是大学教师或成人教育教师，无论教授什么学科，都能从中发现有益教学的主张，使用生生合作的力量来给课堂注入活力。显而易见，并不是书中的每一个例子都能直接被照搬到每一位教师的教学中，但我们真诚地相信我们所提供的各项原则与所有的教学情境都有关联。

前言

同伴互动的三种情况

多伊奇（Deutsch,1949）基于约翰逊等人（Johnson & Johnson,1998）的成果，详述了学生学习的三种不同方式，即单干、竞争与合作。下面我们来看看三个学生玛丽亚（Maria）、耶恩（Yan）和拉尔夫（Ralph）的学习情况。

玛丽亚看到她的同学都是以单干方式进行学习的，她感到无论自己是否实现了目标，也无论同伴是否实现了其目标，对彼此都没有什么影响。就像一个缺乏竞争对手的游泳运动员试图提高自己的成绩一样，丝毫没有意义。

耶恩发现其同伴是以竞争的方式进行学习的，她感到自己的失败有助于别人目标的达成，而别人的失败则意味着她的成功，就如同网球比赛一样。

拉尔夫则意识到同伴是以合作的方式进行学习的。他相信自己的成功离不开别人的成功，别人的失败也就是他自己的失败，就如同足球比赛或辩论赛一样，全体成员总是协调一致、利益共享。

合作学习鼓励学生以合作的方式进行学习，视同伴为一种学习的资源。在探究知识的过程中，大家协同努力、共担风险。很显然，在学习中，单干和竞争也有其不可替代的作用，尤其是在学生离开学校准备进入社会时，更是如此。但是，在不排除这两种学习方式的前提下，我们更偏向于采用合作学习的方式。

我们可以从另一个角度来看待合作的问题。仍以网球比赛为例，当我给自己定一个获胜目标时，如果对手的水平很差，我就会感到毫无乐趣；但如果对手的球技也很棒，那我就面临着一个很好的挑战。这时，这个和我一道打球的人既是我的同伴，也是我的对手。

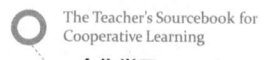

合作学习
实用技能、基本原则及常见问题

合作学习的益处

研究表明，开展合作学习，学生会在如下几方面有所受益：

◇提高学习成绩。

◇不管以往的学习成绩和学习需要有何差异，每个人都能积极参与到学习之中。

◇增强学生的学习动机。

◇增进学生的学习责任感。

◇改进学生间的关系并接受来自同伴在学科上的挑战。

◇有了更多完成任务的时间（在教师指导下的课堂教学中，教师所提供的学科学习时间是比较了全班学生的水平而确定的）。

◇提高协作技能。

◇更喜爱学校。

◇改进了学生对学习、学校、同伴和自己的态度。

◇提高欣赏和思考各种观点的能力。

◇为教师观察和评估学生的学习提供了更多的机会。

本书在第三编"合作学习资源"中列举了这个列表所依据的研究。如果你已经开展合作学习，无疑为自身的优势添加了砝码。

尽管合作学习的历史至少可以追溯到 100 多年甚至数千年前，但"合作学习"（Cooperative Learning）这一表述似乎在 20 世纪 70 年代才开始使用。这一时期内，相关研究不断扩大，实践工作开始累积。许多人已经并将继续为这一富有活力的研究做出或大或小的贡献。本书中会提到很多著名的贡献者。

前言

如何从本书中获得最大收益？

阅读本书的最好方法是和学生一起运用书中提出的见解和技能。请牢记，任何一种新方法，人们都需要一个逐步适应的过程，一切绝不可能立刻就如同你希望的那般完美。请坚持不懈地尝试，不要随意放弃。

当你采用新的方式教学时，学生既在学习相关知识，又在学习新的学习方式。如果你的班级第一次尝试运用合作学习就顺利完成教学，那肯定是一个例外。许多班级在开展了三至四次合作学习活动后还难以完成任务，之后，当学生开始明白为什么他们应在小组中协同合作并对此适应后，你就会开始体会到合作学习的益处了。

如果可能，找一个愿意和你共同尝试运用合作学习，或者已准备开展合作学习的同事。有这样一个志同道合者，你们将会互相砥砺、共享成功和体味价值。合作学习成功的关键在于，当学生和同伴共同协作时，其学习状态便会乘势而上。对教师而言也是这样。本书的第二编"合作学习实施的常见问题"中提供了更多关于教师间合作的建议。

值得注意的问题

除了学习新的教学技术，我们希望你能注意如下两个问题：

1. 学生之间的合作是高效能的。

如果没有上千年至少也有几百年，合作学习一直是值得研究的教育课题。100多年来，许多国家在不同的学科领域就不同年龄段的学生的合作学习情况进行了研究。研究发现，采用合作学习原则的教学活动通常会使

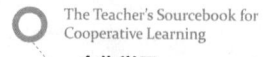

合作学习

实用技能、基本原则及常见问题

学生在学业、情感和社会交往领域有较快的发展。

2. 学生待在小组中并不意味着他们就在合作。

学生聚在一起组成一个小组并不代表他们就会有出色的合作，有时，毫无意义的小组合作甚至比个人单干更差。合作学习是一种有关如何最有效地帮助学生共同学习的理论，它建立在100多年的尝试错误、理论探究和经验研究的基础上，是诸多经验的总结。在本书中，我们将共同分享这些经验。毋庸置疑，你也会在这方面有自己的创新和变化。

对有关合作技能名称的说明

卡尼（Kearney，1993）发现，如果你试图使总结出的合作技能适用于每一个学生个体，就像一个人试图"抓住天上掉下的第一滴雨水"（p.2），这难乎其难。他将某些技能归因于推广的人、为这些技能命名的人和将这些技能形式化的人。他还发现自己向一些教师介绍合作学习的技能时，他们会说："我就是这样在做的，只不过我没有将其总结出来并给它取一个好听的名字罢了。"

我们的感觉和卡尼的有些相似。另外，这本书中介绍的合作学习的技能并不全都是由我们最早提出的。具有合作的精神对合作学习而言是非常重要的。我们欢迎其他的教育工作者能开展合作学习，并在运用的过程中不断地创新。

致 谢

我们向以下评阅专家的贡献致以深深的谢意：

玛格丽特·特里尔（Marguerite Terrill），美国密歇根州芒特普莱森特市中央密歇根大学教师发展与专业发展系副教授。

奥德丽·斯克拉普斯凯里斯（Audrey Skrupskelis），南卡罗来纳大学艾肯分校教育学院小学/儿童早期教育系副教授。

凯丽·斯克里夫纳（Kelly Scrivner），得克萨斯州埃尔帕索圣克莱门特学校发展总监。

萨拉·里斯·爱德华兹（Sarah Rees Edwards），亚利桑那大学客座教授。

盖尔·拉霍尔（Gail Rachor），美国密歇根州伊普西兰蒂市东密歇根大学客座教授，私立教育顾问，中央密歇根大学客座教授。

我们还要感谢琳达·巴洛什（Lynda Baloche），安迪·雅各布斯（Andy Jacobs），乔·拉特纳奥（Joe Laturnau）和乔恩·斯凯夫（Jon Scaife），他们为本书的撰写提供了宝贵的意见。

目录 Contents

作者简介 1
译者简介 3

中文版前言 1
前　言 3
    什么是合作学习 4
    合作学习的益处 6
    如何从本书中获得最大收益？ 7
    值得注意的问题 7
    对有关合作技能名称的说明 8
    致　谢 9

第一编　合作学习基础 1
    第一章　合作价值原则 3
        合作价值 3
        形成合作氛围 5
        怎样开展有趣的课堂协同活动？ 11

	下章要点	15
第二章	异质分组原则	16
	异质分组	16
	学生对异质小组的反应	19
	为什么要注重小组建设？	25
	怎样进行小组建设？	26
	下章要点	35
第三章	积极互赖原则	36
	积极互赖	36
	切块拼接法	37
	切块拼接法 II	41
	成绩分阵法（STAD）	45
	思考 — 配对 — 分享	48
	书写 — 配对 — 变换	51
	下章要点	53
第四章	责任到人原则	54
	责任到人	54
	具体方法	56
	下章要点	67
第五章	同时互动原则	68
	同时互动	68
	促进同时互动的方法	73
	下章要点	79

第六章	平等参与原则	80
	平等参与	80
	鼓励平等参与的方法	86
	多重能力的任务	88
	涉及多重能力的合作学习方法	92
	下章要点	95

第七章	合作技能原则	96
	合作技能	96
	思维技能	103
	鼓励合作的方法	104
	下章要点	111

第八章	小组自治原则	112
	小组自治	112
	当学生学会自治时,教师的角色是什么?	117
	项目学习	121
	为学生发展小组自治能力创造条件	124
	下章要点	126

第九章	合作学习评估	127
	评估的作用	127
	对象 — 目的 — 方法	129
	明确和保持一致的期望	129
	同伴评估和自我评估	133
	对项目学习的评估	134
	小组测验	135
	下章要点	138

第二编　合作学习实施的常见问题　　139

第十章　为班级做好合作学习的准备　　143
小组人数应是多少？　　143
如果小组间的成员人数不均衡,怎么办？　　144
建立合作学习小组要多少时间？　　144
如果学生想自己选择合作同伴,怎么办？　　145
学生认为自己难以向同伴学习时,合作学习如何有效开展？　　146
小组学习结束时,有哪些特别的事情要做？　　147

第十一章　管理合作学习班级　　148
合作学习对纪律不良或者行为不当是否有效？　　148
小组任务时是否要限制时间？　　150
学生开展组间活动时,是否会浪费时间或造成混乱？　　150
当学生进行小组活动时,如何快速地吸引他们的注意力？　　151
如何应对小组过于吵闹的局面？　　152
如果个别小组没有正确地开展任务或学习活动,怎么办？　　154
如果小组完成任务所用的时间不一样,是否会产生问题？　　155
如何使小组汇报成为班级中每个人的学习体验？　　156
当学生开展小组学习时,教师如何进行旁听？　　157

第十二章　设计小组任务　　159
开展合作学习的频率以多少为宜？　　159
何时采用结构化合作学习活动的方式？　　160
合作学习型课堂与教师讲解型课堂有何不同？　　161
小组活动的时间是否会过长？　　162
学生是否会对重复采用同一合作学习技能或合作学习方法有所抱怨？　　163

对能力水平较差的学生来说，如果合作学习任务难度太大，该怎么办?
....164

第十三章 合作学习提高思维能力 165
如何鼓励学生通过小组学习来展示创造力或其他高阶思维能力?
....165
如何避免小组成员过快达成共识，并展开有意义的探讨?.......167

第十四章 特殊情境下的合作学习 168
学前和小学低段学生..168
学习第二语言的学生..170
大班教学..173

第十五章 帮助合作效果不佳的小组 175
如果学生在小组活动时不能友好相处，教师该怎么办?..........175
学生之间发生争吵，教师如何将争吵引导成富有成效的争论?__177
学生对小组合作学习参与度低，教师该如何处理?..............178
如果学生想单独进行学习，教师该如何处理?..................178
某些学生在小组中控制欲过强，教师该如何处理?..............179
如果能力稍弱的学生影响了小组其他成员的表现，教师该怎么办?
....181
组内学生之间传递的是错误信息，教师该怎么办?..............183
虽然组内合作良好，但组间没有合作，教师该怎么办?..........184

第十六章 与其他教师的合作 185
学校里大部分教师对合作学习不感兴趣时，该放弃与他们合作吗?
....185
了解到其他教师正在采用合作学习的方法，大家该如何互相帮助?_186
教师互助小组应努力达到何种目标?..........................187
合作学习适合哪些教学改变? 为什么?........................188

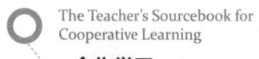

第十七章　与行政管理人员和家长的合作 _____ 189
　　　行政管理人员和家长担忧合作学习难以应付多项选择测试题，教师该如何应对？ _____ 189
　　　合作学习是否能给教师足够的时间去完成教学大纲中要求的教学内容？ _____ 190
　　　如何与不支持合作学习的行政管理人员沟通？ _____ 191

第三编　合作学习资源 _____ 193
合作学习文本资源 _____ 195
网络资源 _____ 200

译后记 _____ 204

Getting Started with
Cooperative Learning

第一编
合作学习基础

第一章
合作价值原则
Principle: Cooperation as a Value

[关键问题]	如何在课堂教学中开展合作学习？
	运用怎样的课堂管理技能能使合作学习富有成效？
	为开展合作学习，教室内的桌椅该如何摆放？
[本章介绍的合作学习技能]	☑ 找找看，这是谁？　　☑ 两真一假
	☑ 课堂分类　　　　　　☑ 合作游戏

合作价值

　　本章强调合作学习倡导的是"合作价值原则"（Cooperation as a Value）。换言之，合作并不仅是一种学习方式，也是一种生活方式和人生态度。我们希望学生能接受合作学习并把它当作一种价值观。当然，这并不表明他们再也不能独自工作或与他人竞争。竞争和独立工作仍将在他们的人生中扮演必不可少的角色。

　　合作作为一种价值观，意味着我们鼓励学生把同舟共济视为自己奋斗的目标，鼓励学生将其他同学视为潜在的合作者，同时也希望学生在面

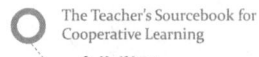

合作学习
实用技能、基本原则及常见问题

临"合作"或"单干"两者择一的情况时能够更多地选择合作。狄金森·陈（Dickinson Chan, 2001）是一位小学语文教师，他曾这样说："开始合作时，我们局限于小小的教室之中，如同在一条狭窄的溪流中行进一般，而一旦具备了合作精神，我们就融入了世界，如同遨游在广阔的海洋中。"

合作学习不只是一种描述如何学习的学习方法，它也可以是学习内容的一部分，因为它需要我们创设出一种学习的情境。换言之，通过合作学习，学生能学会如何相互学习，而不是投机取巧。（Forest, 2001）此外，合作是一个不断延续发展的过程，合作小组的活动结束时，合作并未停止。想要建立一种自主合作的学习氛围，学生需要有表现自己的机会——不只是作为一个小团体中的成员，而是作为一个班级中的一分子去努力实现共同目标。

有些课堂似乎缺少对学生合作的鼓励，表 1.1 列出的就是此类课堂与合作学习课堂之间的差异。

表 1.1　两种课堂之间的差异

不鼓励合作的课堂	合作的课堂
着眼于自身	看看同伴正在做什么，这样你就可以向他们学习，帮助他们并分享各自的观点和材料
禁止交头接耳	和周围的同学交流一下，相互交换一下意见，看看有什么疑问、说明、建议
每个人干自己的部分	和别人分享工作，你的收获将远甚于各部分之和
如果需要帮助请向教师提出	如果你需要帮助，在问教师之前先问问小组同学
每个学生都争着吸引教师的注意	给每个学生在小组中发言的机会
为了获得外在的激励，如分数、表扬等等	既有额外的奖励，也有内部激励

怎样告诉学生合作学习值得一试呢？

以下是若干谈话要点：

研究表明，学生通过合作的方式开展学习将学到更多的东西，这将会使他们在专业上取得更大的成功。

学会合作对你的生活而言很重要，它将帮助你学会在工作中和他人交流，它还将帮助你学会和家人、朋友、邻居和睦相处。

合作学习将帮助学生学会如何交友，如何和各种各样的人交往。

合作使学习活动更为有趣。

一些学生对合作学习做了这样的夸赞：合作之风使课堂更有凝聚力，课堂成了一个甜蜜温馨的场所，成了每个人都喜欢的地方。如果学生都喜欢课堂，那么，他们也就会更爱学习。

家长和其他教学管理者也可以帮助教师鼓励学生采用合作的方式进行学习。因此，常和家长说说课堂上为什么要运用合作以及将如何开展合作学习是有益的。通过家访和家长会可以做到这一点。此外，学生可以询问家长和其他成年人在工作、生活中与人合作的经验，以加深对合作意义的认识。

形成合作氛围

良好的课堂氛围是合作学习成功的关键。例如，学生需要：

◇ 感到和同伴在一起很舒服。

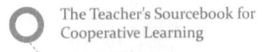

◇愿意和同伴分享观点、向同伴请教问题甚至与同伴一起承担风险。

创设具有活力的合作情境以及制定合作原则,能形成一种积极、活跃的课堂氛围。在这样的课堂中,全体成员为实现同一个目标而相互信赖、真诚合作与团结一致。创设这样的环境十分重要。我们每一个人都应该知道怎样做才能使同伴之间最大限度地相互影响。

教师可以让学生在实际活动中发展合作的行为方式和准则,帮助他们在脑海中形成合作的观点并以此促进学生合作价值观的形成。我们可以提出许多促进学生合作的要求。例如,"别人发言时我认真听",而不是"别人发言时不要讲话"。把类似这样的行为标准贴在墙上让所有的学生(包括来访者)看。

◇别人发言时我认真听。

◇鼓励每一个人参与。

◇帮助而不是包办代替。

◇需要时我会寻求他人的帮助。

◇对事不对人。

◇始终牢记我们有共同的目标。

◇尊重每一个人,将他当作是独立个体,是一个伙伴。不论他的种族、宗教如何,也不论他来自哪一个国家,不论他的学习成绩是否优异,也不论他是否是我的小组同伴。

◇准时参加学习。

我们将这些称为标准而不是原则,因为它是一种在共享价值观中形成的标准,比如合作价值观。

班级会议

前文所述的课堂中的行为标准是班级会议的议程之一。许多教师鼓励班级定期召开会议，将此作为教师对学生予以肯定或否定反馈的有利阵地，指导学生如何使这些标准在班级中真正发挥作用。为了使学生感到自己确实可以自由提出观点和建议，上述的课堂行为标准同样也适用于班级会议。

团队先于教师（TTT）

TTT鼓励学生视同伴为学习资源，而不是将其看作是自己的竞争对手。同时，它要求学生改变以往那种单纯依赖教师的观点和做法。简单地说，TTT就是要求学生在请教教师之前先请教同伴。这既是一种请教问题的程序，同时也是合作思想的一种体现。TTT可以促进学生相互协作、共同努力，这是我们将在第八章中提到的内容。此外，为了强化课堂凝聚力，在请教教师之前，学生也可以请教其他小组的同学。同样的，先完成任务的小组可以帮助未完成任务的小组。通过帮助其他小组的同学，学生会体验到合作学习的真正意义。

RSPA

当学生们进行小组学习时，为了集中学生的注意，教师可以采取一些独特的方式和策略。例如，由一个环节进入下一个环节时或者和课堂中的其他小组分享一个好主意时，教师需要引起学生的注意。在实践中我们看到，有的教师摇铃，有的教师敲击黑板，还有的教师开关电灯，我们甚至还听说一位高中教师采用了唱歌的方式。与此类似，一些幼儿教师在想要引起孩子的注意时，会唱一些简短的歌曲，孩子们自然会跟着唱。歌唱完了，整个教室里的人都会集中注意力听教师接下来会说些什么。

每个教师都有自己独特的吸引学生注意的方法。最常用的方法就是RSPA。以下是RSPA的实施步骤。教师击掌或举起一只手，当学生听到或看到这些信号时，他们应：

◇ 举起一只手（Raise a hand）。
◇ 停止说话（Stop talking）。
◇ 传递信号（Pass the signal）。
◇ 注意力集中到教师身上（Attend to the teacher）。

传递信号意味着如果学生发现其他人没有看见或听到教师发出的信号，他们可以轻拍那些人的肩膀或轻声地提醒他。

我们应该和学生讨论为什么需要这些信号，就如同我们向学生解释说明这些信号并在课堂上使用。此外，当学生主导课堂时，他们自己就会喜欢使用那些信号。RSPA只是一个例子，我们希望借此来说明怎样在课堂中顺利地开展合作学习。

建立规则

课堂教学中需要很多规则，如怎样发作业本、怎样提交作业、如何编排小组等等。RSPA和信号是合作学习课堂中十分有用的规则。学生需要花时间弄明白为什么这些规则是重要的，同时要尽可能高效地运用这些规则。换句话说，他们应当花一些时间来练习运用这些规则。一段时间之后，比如一个月后，规则运用起来可能变得不如从前了，如果真是这样，就需要再花些时间来评估这些规则并制定新的规则。不要认为这样做多此一举,因为一条好的课堂规则可以使我们的学习时间更充裕。

另一种使课堂规则变得有效的方式是教师把全班的注意力转移到小组,比如,听从于"注意"信号。我们指出小组所使用的具体行为,通过这样的方式,小组就成了全班的榜样。有些教师甚至会计算多长时间才能引起班级的注意。这有点类似于一个综合数学活动,学生可以在图表上标注时间,教师可以借此了解班级是否在顺利的运作方面有了进步。

把教室布置得适合开展合作学习

为了有效合作,在布置教室时需注意几点。学生应该坐得拢一些,坐得越拢,越易于他们共享资源并轻声交流而不影响别人。这样看来,合理的座位安排能促进合作。我们发现,小组运转不佳通常就是因为座位安排出现了问题。例如,有人坐在离小组其他同伴较远的地方,或者小组中的每个学生都相隔太远,很难进行交流。图1.1展示了两种不同的座位排列方式。其中,右边的座位排列方式有助于促进学生合作。

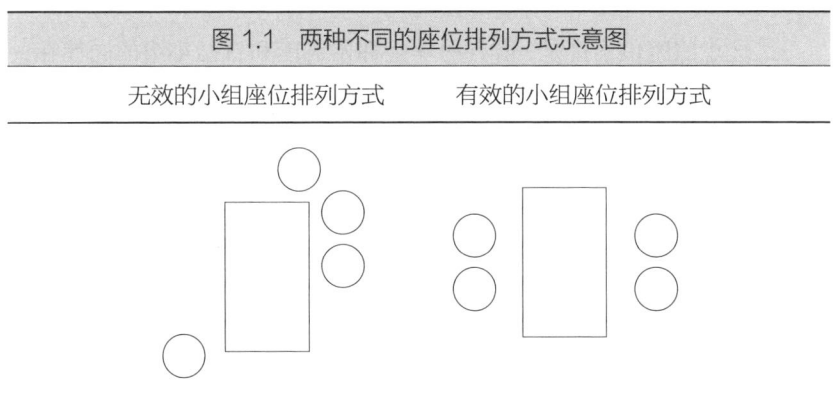

图 1.1　两种不同的座位排列方式示意图

座位安排可以影响学生的合作效果。有效的座位安排应使小组内的学生靠拢彼此就座,这样易于共享资料和在不影响别人的情况下轻声地交流。

座位的安排还应便于教师在教室里来回巡视。理想的布置是，教师在教室里能便捷地参与到各组中，这样当教师听完一个小组的讨论后，抬头就能看到全班。（见图1.2）同样，在开展合作学习的课堂中，学生也需要看到其他小组的活动并获取任何他们所需要的资料。（相关建议详见第二编）

图1.2　便于教师观察各个小组活动的线路示意图

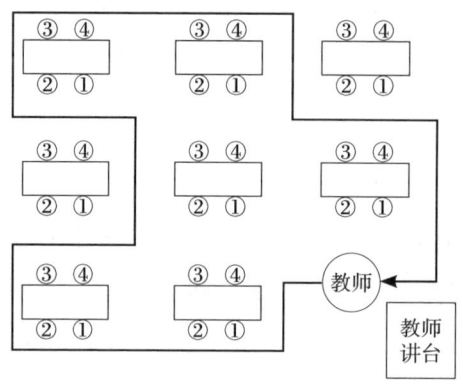

需要为教师提供足够的空间在教室中来回走动以便于观察所有小组。

最理想的座位安排是，所有的学生都始终能和自己小组的同伴在一起，他们不必为了参加合作小组的活动而不停地跑东跑西。当然了，有时离开自己的座位也是必要的。后文另有例子来说明这一规则的实用性。

对一些合作学习活动而言，所有的学生都有自己对应的数字——1、2、3、4。如果所有数字编号相同的学生，即所有的1号都坐在小组内相同的位置上，比如坐在自己所在小组的东南角，那么学生和教师就可以更轻松地知道谁在哪个小组,他的编号是多少。

如果学生在小组活动时不得不背对着黑板，那么一旦课堂教学形式变为全班活动，他们就应该安静地面朝黑板。否则，他们就得把头扭转180

度,或者不停地扭动脖子,这会使学生感到很不舒服,还会导致学生跟不上演讲者的思路或看不见所展示的东西。也许避免这一问题的最佳方式是让学生面向黑板,坐在教室两旁,两两并肩而坐,面对组内另外两个同伴。

当学习形式由小组学习变为全班授课时,如果需要移动教室内的桌椅,贴在地板上的胶带或其他教具可以帮助学生迅速有序地重新摆放桌椅。

在学前班、幼儿园和小学低年级的班级中,有时学生就坐在地板上上课。在这种情况下,若开展合作学习,同一小组的成员应保持一致,要么都坐在地板上,要么都坐在椅子上或桌上。如果有些学生坐在地板上,而有些坐在椅子上或桌上,就会给教师观察各小组学习情况增加困难,而对坐在地板上的学生来说,在这种情况下他们有时甚至不得不抬起头来仰视同伴。

怎样开展有趣的课堂协同活动?

找找看,这是谁?

这个活动能使学生更好地熟悉彼此,具体操作方式如下:

学生相互配对,每个人都有一张"找找看,这是谁"表(以表1.2为例)。学生轮流阅读规则,1号学生朗读第一条规则,2号学生解释(或重复)规则。

表 1.2 找找看,这是谁

最近读了本好书	6个月前参观过博物馆	知道百分率的计算公式	有一个亲戚或邻居是教师
知道一个很好的网站	乘公交车上学	能拼写出由11个以上的字母组成的单词	会打排球

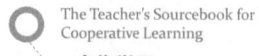

合作学习
实用技能、基本原则及常见问题

续表

表 1.2　找找看，这是谁

吃素或以后会吃素	擅长养花	帮助制作网页	参与回收
曾见过一位著名人物	上星期发了一封邮件	祖父母至少有一个在世	今年做过志愿者
喜欢单独学习	喜欢小组学习	喜欢各种不同风格的音乐	步行上学
上学前一个半小时就醒了	给学校提了建议	给自己的社区提了建议	知道新加坡在哪个洲
知道蝴蝶生命周期的阶段	会演奏乐器	参加了一个乐队、合唱队或其他音乐小组	能站在他人的肩膀或头上
想成为一名教师	喜欢吃由稀奇古怪的东西做成的三明治	上星期天睡了10小时以上	会变魔术

规则：

第一步：走到某个同学身边，从表中选出一个问题进行提问，如果被问的同学回答"不"，那就继续用表中的其他问题向其发问，直至他对某一问题的回答为"是"为止。

◇请一名同学在表中写上自己的名字，追问其一个问题，并把回答写在表中。
◇在一名同学对表中的问题给予了肯定的答复后，再去问其他同学，每一名同学的名字只能出现在一个格子中。
◇试着把表全填满。

第二步：约10分钟后，学生聚集在一起互相检查表格，看看是不是把每个人的名字都填在了相应的地方。同时也向同伴提一些建议,思考如何填补空格。

第三步:两人都完成了填表任务后,再相互检查一下。

第四步:教师全面检查表格,请学生说出每个空格中的同学的名字。每个同学都用搭档的表格回答问题,包括后续问题。

在设计这样的表格时,教师必须对学生有充分的了解,至少能让全班学生都在表中写上自己的名字(即至少对一个问题的回答是肯定的)。当然了,有些格子可能会出现空白,学生可以考虑自己设计问题。请注意,设计表格时要预留空白,以便学生写上姓名或后续问题的简短答案。

两真一假

这是帮助学生更好地了解同伴、熟悉同学的另一种活动。这个活动任何时候都可以开展,但在开学后几周开展最为有效。

第一步:全体小组成员思考与自己有关的三句话,其中两句话是真的,一句话是假的。

第二步:每人都向小组成员说出三句描述自我的话,但不要说出哪句是真的,哪句是假的。例如,一个学生说:"我养了一只狗。我住在公寓楼里。我会变魔术。"

第三步:小组同伴通过向这个同学提问题,试图辨别哪句是虚假的描述,如:"你家小狗吃什么狗粮?"

第四步:小组成员一起猜测哪句描述是假的,并给出理由。

第五步:小组成员与班级其他成员分享在这一活动中发生的趣事。

在开展这一活动时,教师要先给学生做示范。例如,教师用这样三句话来进行自我描述:"我读高中时加入了网球队。我读高中时是学校辩论队的队员。我读高中时是摔跤队的队员。"

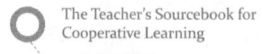

这一活动通过让学生展现自我的方式有效地帮助学生进行互相了解，并培养信任感。"两真一假"以及"找找看，这是谁"的活动不仅能促进班级建设，还有助于开展教学。例如，我们可以请学生就课堂学习这一主题用三句话进行描述。

"两真一假"游戏也可以被称为"两事实一夸张"，对于年幼的孩子来说，即"对，对，错"。

课堂分类

所谓"课堂分类"（Classroom Classifieds，Sapon-Shevin，1999）就是让学生写一些便条（或通知），便条的内容一般涉及他能教授或帮助他人的内容，以及他想学习的东西和想要得到的帮助等等。学生可以互帮互助的领域有：手工、合理分组、寻找国际象棋的搭档、与父母相处以及学习一种新的语言。这一活动可以整年不间断地在班级中开展。

与这一做法相类似的是班级的黄页。学生在这本簿子上列出他们想学的、想和别人分享的事物。通过帮助别人和接受别人的帮助，学生之间的友谊会得到加强，尤其是那些各方面能力较弱的学生，这使他们也有了帮助别人的机会，而不是一味接受别人的帮助，这对学生的成长是极为有利的。

合作游戏

每个孩子都喜欢游戏，但是许多游戏突出竞争远甚于强调合作。竞争性游戏结束时，总有一人（或一队）是胜者，而其余的人则是失败者。相反，合作性游戏把游戏的趣味性和合作价值原则两者很好地结合起来了。

有些合作性游戏是传统游戏，有些合作性游戏则由竞争性游戏改良而来，其余的则是最近发明出来的。本书的第三编"合作学习资源"中就提及了三本描述合作游戏的书（Grineski，1996；Orlick，1978，1981）。

由竞争性游戏改良而成的合作游戏之一是"抢位子"（Luvmour & Luvmour，1990，p.27）。在竞争性游戏"抢位子"中，随着椅子一把一把地被拿走，参加游戏活动的人也相继淘汰出局，但在合作性游戏"抢位子"中，游戏的最终目的不是淘汰，而是尽可能地留住每一个参加游戏的人。当音乐停止时，每个人都必须设法与别人分享椅子，用挽住胳膊或他们所能想到的任何法子来使所有人都能继续留在游戏中。解决问题的有创意的方法也就随之而来。合作性游戏"抢位子"并不适合所有学生，但我们却由此发现许多竞争性游戏都可以通过稍加改变，成为合作性游戏。

马克·赫乔森（Marc Hegelsen）提出了"抢位子"游戏的另一种玩法：任何人（音乐停止时没有抢到椅子的人）都必须为小组贡献一个点子，这个点子可以与小组正在讨论的话题、正在执行的任务、团队正在撰写的故事有关，也可以只是关于个人的一些事。

下章要点

第一章讲述如何培养学生的合作精神。这种精神为第二章讨论的原则——异质分组原则提供了重要的基础，这一原则涉及如何组成学生小组，使之能代表课堂中不同类型的学生。

第二章

异质分组原则
Principle: Heterogeneous Grouping

[关键问题]	如何形成合作学习小组？
	怎样帮助学生协同合作？
	形成合作学习小组有哪些策略？

[本章介绍的合作学习技能]	☑ 小组吉祥物	☑ 交谈圈
	☑ 滚雪球	☑ 聚焦法
	☑ 户外小组建设游戏	

异质分组

在第一章中，我们讨论了作为一种价值观的合作学习，本章将讨论合作学习中的异质分组原则。学生应该广泛地与人合作，而不只是与那些他们想合作的同伴在一起。因此，在合作学习中，尽管学生偶尔也可以和他们想合作的同伴组成小组一起学习，但大多数的情况下，他们应在教师指定的异质小组中学习。

异质分组的理由

虽然该方法在很大程度上阻止了学生和自己的朋友一起学习,但异质分组本身有一些优点:

◇通过努力而达成共同目标的过程中,学生能体会到他人与自己的不同之处。
◇由于异质小组中存在不同观点的碰撞,学生的学习质量会有提高。
◇那些更勤奋学习的学生能成为同伴学习的榜样。
◇假如学生总是和自己的朋友在一起,难免会变得行为散漫,因此异质分组有益于改善学习纪律。
◇有助于产生多元化观点。
◇和不同的人在一起学习,尤其是和那些不是自己所选的人在一起,可以帮助学生培养和发展与人交往、协同努力的技能。这些技能对学生的影响远远超过学校教学的意义,因为我们通常不能选择同事和邻居。
◇成绩好的学生帮助水平较低的学生学习,双方都会获得许多意想不到的收获。

形成异质小组的准则

◇成绩水平
◇性向
◇学习态度
◇种族
◇个性(例如个性活泼与否等)1

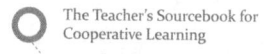

◇人际关系
◇性别
◇特殊需要

如果我们采用的是四人异质分组，那么还必须注意组内的两两配对问题。

其他分组方式

教师挑选是合作学习课堂中异质分组最常用的方式，教师也可以偶尔采用其他的分组方式。

◇相邻座位的人相互组合成一个小组（这是组成小组最快的方式）。

◇随意组合形成小组。例如，我们班里有24名学生，而教师想让学生组成四人学习小组，那么可以让学生从1到6报数，然后，报1的同学组成第一组，报2的同学组成第二组，依此类推。

◇由学生自己选择合作伙伴。学生往往更喜欢这种方式，而且有时这种要求会相当强烈。

◇根据共性特征分组。例如，在组成调查研究小组时，有共同兴趣的人可以成为一组。（见第八章）

◇根据学生选定的任务进行分组。例如，给学生提供六个任务，要求每个学生从中选择一项，那么我们可以把选择相同任务的学生组成一组，或者由学生自己组成六个小组，每组承担一个任务。

◇同质小组完成短期任务，如成绩好的学生齐心协力去完成一个难度大的新任务，而成绩较差的学生则相互帮助，尝试重新学习在第一次学习时还没有掌握的内容。

第一编
合作学习基础

学生对异质小组的反应

采用异质分组方法的目的并不仅仅是为了让学生学会和不同的人合作，更重要的在于，我们希望借此培养学生学会欣赏和接受不同事物的能力，从而产生在混合小组中工作的愿望，而不只是勉强地接纳他人。

此外，我们应该向学生解释异质分组的含义、异质分组的好处以及组建小组的各种方式。除了前面提到过的几点，以下是讨论中的一些要点：

◇作为成人，我们时常需要和不同类型的人在一起工作。除了同事，我们还不得不和社会上形形色色的人打交道，如病人、顾客、供应商等等。每一个学生都应该在学校时就通过和不同的小组成员共同活动来做好准备。

◇在大多数情况下，国家构成越来越多样化。我们要学会处理这种多样性，并且学会欣赏他人，欣赏多样性带来的好处。这与合作学习所倡导的"合作价值原则"有关。（见第一章）

◇我们生活在一个全球化程度日益增强的时代，互联网和E-mail使我们能随时随地与世界各地的人联系。通过学习和不同的人相处，我们提升自身，以便在更多元化的世界中做一个良好的公民。

◇有些成绩较好的学生可能会抱怨，因为教师会要求他们帮助成绩较差的同学。他们觉得这样做会使自己失去迎接挑战的机会，解决这个问题的要点包括以下内容：

——通过教别人，学生能更好地掌握学习内容，就像一句谚语所说的："教一遍等于学两遍。"

——在成绩较好的学生中相对热门的许多专业（如医学、管理、法律等）对从业人员"教别人"的能力极为重视，如医生需要教会病人们如何照顾好

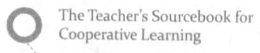

合作学习

实用技能、基本原则及常见问题

身体。

——每个人在社会中并不总是扮演同一个角色，解决的办法就是在任务中扮演不同的角色和展示多样的能力。（见第六章）

——高资质的学生需要有和自己水平相差无几的人共同学习的机会，但除此之外，他们还应该学会和不同水平的同学一起做事。

完成对多样性的讨论之后，接下来就进入了异质小组的形成阶段。我们所认识的一位社区学院的教师先和自己的学生谈了异质分组的好处，然后让学生依照自己对异质小组标准的理解去组成异质小组。

一位教师的经验

尽管异质分组有许多好处，但通常情况下教师会让学生基于友情来选择小组。然而，这种做法本身就存在问题。我认识的一位教师的经验表明，让学生自己选择小组同伴的结果是，班级内形成许多小团体。

围绕班级中的小团体现象，在第二学期开学时，我试图通过调换座位来增强班级的凝聚力。在第一学期时，我允许学生和自己要好的伙伴坐在一起，但我发现，这样做的结果是班级中缺乏应有的团结氛围。为了改变这种状况，我让男生和女生配对坐在一起。班级中的部分学生是来自不同种族的，我还让学生和这些来自不同种族的同伴相邻而坐。

正如我所预料的那样，起初有些学生对此极为不满，有些学生甚至对同桌不理不睬。但随着合作学习方式逐渐地被运用，这种分歧不断弥合，甚至完全消失。在合作学习中，学生必须和邻桌的同伴协同努力，即使那些平时从不搭理别的同学的学生也不得不如此。

小组的规模应有多大？

在本书中，绝大多数的合作学习技能都是在二人小组、四人小组或四人小组内两两配对中完成的。不论是从管理还是学习的角度来看，四人小组都是有许多好处的：

◇ 超过四个人的学习小组不利于教师开展管理工作。
◇ 为了保证学生尽可能地互动，四人小组可以两两配对，这样又能迅速地形成新的四人小组。
◇ 小组人数越多，越容易导致个别人不参与小组活动或被忽略。
◇ 两人可以一起讨论，同时他们可以向四人小组的另一对汇报，而不必向全班汇报。
◇ 四人小组比二人小组更好，因为增加两名成员意味着组内交流更丰富，也可以承担更多的学习任务。

还有一些因素会影响教师对小组规模的确定，例如教学设备。如果教师上课时只有6台显微镜，而班里有30名学生，那么最好的办法就只能是五人一组了。小组成员增多意味着需要教师监督管理的小组数量减少，因为每一个小组在合作学习之后只有一个学习成果，那么需要教师评估的学习成果也就相应地有所减少。

小组规模怎样才算过大呢？小组规模过大的判断因素是多方面的。但我们发现，超过六个人的学习小组就较难顺利地开展合作学习了，理由如下：

◇ 有些学生所要完成的工作往往比所分配到的任务更多。
◇ 学生缺乏调控大组的技能。

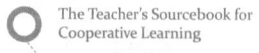

合作学习
实用技能、基本原则及常见问题

◇有些学生会在合作小组中只和自己的朋友交流，从而形成组中组。

对低年级的孩子而言，我们尤其要注意把组分得小一些。请记住，两个人也是一个合作学习小组。在本书中，绝大多数的活动指的都是四人小组或二人小组活动。

分组的实际操作

把全班学生分成异质小组的一个基本方法是：拿着全班学生的名册按照我们认为最重要的因素把学生分布到各个组中。例如，按照学生的学业成绩分组。我们可以把全班成绩最好的学生、成绩最差的学生和两个成绩中等的学生分在第一小组内；而第二小组则由成绩第二名、倒数第二名和两个成绩中等的学生组成；其余依次类推。接着我们要看一看在已分好的组内值得我们考虑的第二个因素是什么，如种族问题。譬如在刚才的第一小组中，如果四个孩子都是西班牙裔人，那就该对小组成员的构成进行微调了。

表 2.1 展示的是一种建立异质混合小组的方法。使用这种方法进行分组可以使每个小组都有依照教师的某一标准（如学业成绩、学习动机等）而选择的不同类型的学生。

科恩（Cohen，1994）认为，一段时间内组成或重组异质小组的最有效的方法是教师制作或购买可放置卡片的排行榜，每张卡片上记录每个学生的学习状况。

第一编
合作学习基础

表 2.1 六个四人小组的分组方法

依照某一标准对学生进行排序	小组成员					
	1	2	3	4	5	6
1	×					
2		×				
3			×			
4				×		
5					×	
6						×
7						×
8					×	
9				×		
10			×			
11		×				
12	×					
13	×					
14		×				
15			×			
16				×		
17					×	
18						×
19						×
20					×	
21				×		
22			×			
23		×				
24	×					

其他应该考虑的问题

在分组时还有一些因素值得教师注意，如性别问题。在四人小组中，要避免使某一性别的学生落单，如某小组中有一个男生、三个女生。教师应尽可能地将各组中的男女生数控制为偶数。如果班级中某一性别学生

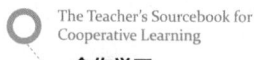

的人数已分配完毕，那么剩余的小组可以全由同性别的学生组成。例如，某班有 32 名学生，女生 18 人，男生 14 人，我们依照每组两个男生、两个女生的方式组成 7 个异质学习小组，总共 28 人，那么，剩余一组的成员就全由女生组成。

小组组建过程中需关注的另一问题是如何对待那些出于某些原因（比如多动症或被欺凌）被孤立的学生。有的学生不愿意和这些学生同组，有的学生觉得他们难以沟通，很难顺利开展合作。对此，我们可以找出班级里善于与他们沟通的学生，私下里寻求他们的帮助，给他们一些指点，然后谨慎地监督小组。那些以英语为第二语言的学生或者需要语言帮助的学生应该与英语水平较高或母语是英语的学生分在一个组。

最后，一些合作学习理论的专家，如科恩（1994），反对以透明的方式形成异质小组。例如，一个班内有两个民族，每一小组都有两个成员属于一个民族而另外两个属于其他民族。科恩担心这会误导学生将对方当作其他民族的代表而不是小组成员。另一方面，如果我们预先告诉学生是如何决定分组的，以及分组的原因，同时做一些小组建设活动（下章将对此进行描述），这一问题发生的几率可能就会减少。

多长时间进行重新分组合适

当异质分组工作完成，小组成员之间就建立起了相互信赖的伙伴关系，这样的小组构成一年内不大容易发生改变。学生也会觉得在同一小组中更自在。但即使这样，我们仍然认为有必要定期对小组成员进行变更。我们倾向于一年变更四次，理由如下：

◇学生可以学会和更多伙伴共处的方法，每个人都可获得不同的技能

第一编
合作学习基础

和经验。

◇学生有机会学习如何和新同伴共事,避免班级小团体的形成。

◇学生可以更多地了解所在的班级而不只是所属的某一小组,从中获得合作的好处。

◇因为学生不必一整年都与同一批组员们一起学习,对组建异质小组的反对会随之减少。

在变更小组之前,最好举办一个结束活动。比如,每个人都给小组同伴写一封致谢信,或者写一封推荐信给他们即将加入的新的学习小组的成员。

为什么要注重小组建设?

斯莱文(Slavin,1995)指出,如果采用教师挑选的方式来进行异质分组,教师所可能产生的干预就会使小组有极不一样的构成方式。为此,当学生进入新的学习小组时,需要花时间促进他们之间的相互信赖和团结。小组建设活动将有助于这一目标的达成,本书提供了许多诸如此类的合作游戏和户外活动。

为什么要把宝贵的课堂学习时间花在这些非学习的事情上面?因为人的安全感和归属感会促进学习。使学生拥有安全感和归属感的一种方式是开展低风险的小组活动,使每个人都能轻松自在地完成。例如,不是每个人都敢在人前唱歌或跳舞,那么我们就不安排需要单独表演的小组活动。合作学习小组活动的出发点应该是力图让全组成员都能玩到一块儿去,这样,学生就会感到他们能进行有效的合作。

成为小组中的一员,学生要学会具有包容心。这一点对那些融入不了

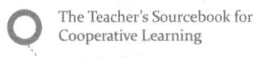

合作学习
实用技能、基本原则及常见问题

集体的学生来说尤为重要。心理学家德西和赖安（Deci & Ryan, 1985）认为，人有三种最基本的需求，即交往、胜任力和自主。合作学习有助于满足这三种需要。

我们先来看看交往的需要。交往指和他人的联系。在合作学习课堂中，我们改变了那种把学生隔离开来的教学风格——"自己看书""不要交头接耳"。合作的意义在于，当学生感到自己与周围的人密切联系时，他们能更投入地学习（我们将在后面几章中讨论德西和赖安提及的另外两个基本需求：胜任力和自主）。最后，我们还可以将小组建设活动和学科学习结合起来，例如，我们可以运用本章中稍后将谈及的"滚雪球"技能。

怎样进行小组建设？

有许多方法可以帮助学生组成一个强有力的合作小组，例如，如果小组成员在一起聊了一会儿，那也不必太介意。毕竟这种聊天给他们提供了彼此信赖、放松的氛围。而且异质分组使来自多元化背景的学生站在人的角度来了解彼此，而不是将彼此视为特定种族、性别或其他群体的成员。

下面是一些简单易行的小组建设活动。注意，其中有些活动的设计适用于小组形成初期。偶尔，短期小组建设活动可以用在不同的时期，尤其是小组的凝聚力看起来有待加强的时候。

小组吉祥物（Team Mascots）

1. 小组的每一个成员都准备好半张纸。
2. 在纸的顶部附近画一双眼睛——一双想象出来的眼睛。

3. 把画好眼睛的纸传给左边的同伴。接到纸的人在眼睛的下方画上鼻子。

4. 画鼻子的人再把手中的纸传给左边的同伴，接到纸的人在纸上再画上与之相配的嘴巴。依次类推，再画上耳朵。

5. 每张纸最后都回到最初画眼睛的人的手中。每人再为每幅画添上几笔——身躯、头发、鼻孔等等。

6. 小组全体成员仔细地欣赏一下这些画，从中挑一个形象作为本组的吉祥物，并为这个吉祥物取一个名字。这个名字建议和学科主题相关，如，代数猩猩。

原则说明：创造小组吉祥物的活动为小组成员创造了共同的回忆，每个人都为吉祥物的诞生做了贡献。小组吉祥物是小组的标志，是小组成员合作设计的结晶。这个标志表明了小组特征和小组的每一个成员为小组所做出的贡献。

交谈圈（Circle of Interviewers）

这种合作学习技能（见图2.1）也同样有助于小组建设，通过它还可以达到许多其他目的。四人学习小组中，每人都可以用数字来表示：1、2、3、4。

第一步：学生1采访学生2，同时学生3采访学生4。

第二步：角色互换，由学生2采访学生1，学生4采访学生3。

第三步：每一个采访者轮流汇报他们在自己的采访中学到了什么。

第四步：如果时间许可，小组成员可以继续相互提问。

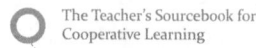

合作学习

实用技能、基本原则及常见问题

图 2.1 交谈圈示意图

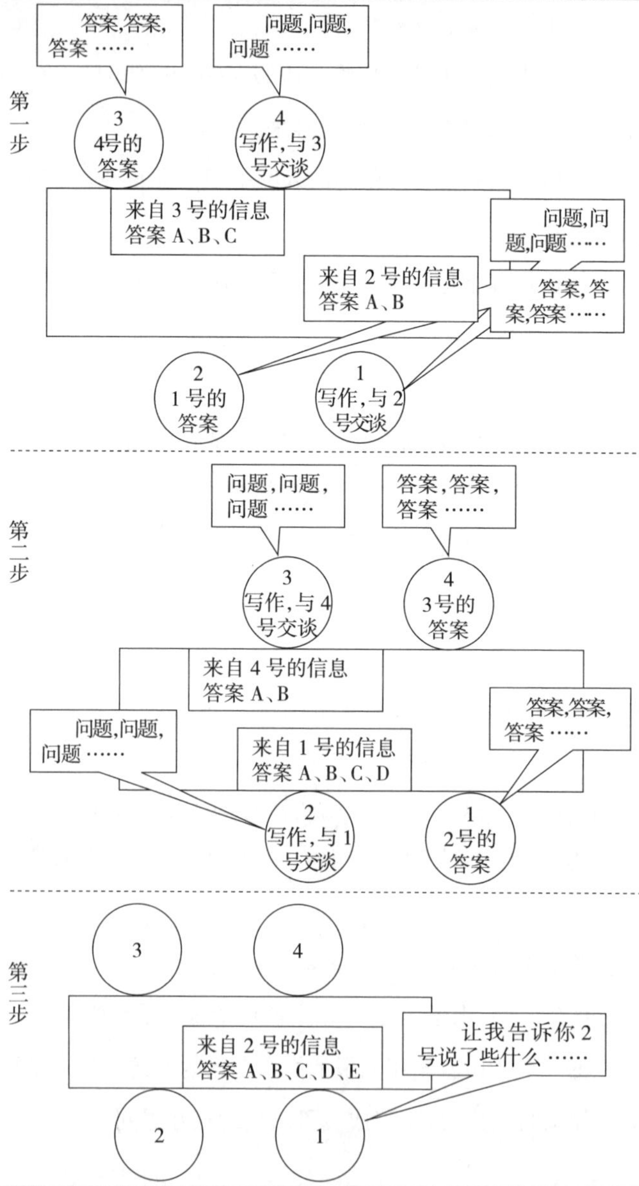

第一步

第二步

第三步

运用交谈圈时应重视在小组间建立良好的合作技能。在第一步中,学生1访问学生2,学生4访问学生3。在第二步中,采访者与被采访者互换角色。在第三步中,每一位采访者依次向组员汇报他们所了解到的信息。

下面两个小组建设游戏由萨本-谢文（Sapon-Shevin, 1999）设计，并经我们改良得以使用。

- 关于我，你所不知道的事

学生在纸上写一两件与自己有关的事情，而且要是小组同伴所不知道的，例如："我有一个亲戚生活在国外"或"我的职业理想是做一个脱口秀主持人"。然后小组同伴作为采访者围成一圈，问："你认为我们组的其他人还不了解你的哪些方面？"采访者至少要追问一个问题。

- 成长的轨迹

每人在纸上画一条直线，线的一端写上自己的出生年月，另一端则写上当年的年份，沿着直线在上面标出6—10个点，标明自己生活中发生的重大事件，如某年家里收养了一个孩子、某年搬了家、某年开始踢足球了等等。这就是每个人的成长轨迹。接着，小组成员开始运用交谈圈的方式进行谈话，就每个人成长轨迹中的事件提一些问题。

上述两个游戏有助于小组同伴间的相互了解。当小组成员对别人的生活产生兴趣并积极回应时，彼此的信赖感随之增强。

- 其他可运用交谈圈的场合

和所有的合作学习技能一样，交谈圈也可以用在任何主题、任何学科领域和课文的学习中。例如，对小学生来说，我们可以在开始学习一篇课文的时候，让孩子们讨论这篇课文的主题或者回忆上堂课的内容。也可以在学完了一篇课文后，通过交谈圈的方式让学生讨论学到了什么、还有什么不明白的地方、他们还想了解些什么等等。如：

语言：随着阅读面的扩大，学生彼此采访一下各自读过什么书。

科学：学生通过相互采访来发现各自对植物的了解以及关于种植的经验。

数学：学生彼此采访，了解别人是如何解决某一难题的。为了鼓励多样性，同伴间可以就同一类别的不同问题互相采访。

社会：学生通过采访了解同伴对某一特定政策、事件或历史人物的看法。

如果交谈圈中的问题能有不同的回答，那么，效果就会很显著。例如，除非学生有超乎寻常的想象力，否则他们就无法对"$2 \times 2 =?$"这样的问题感兴趣。

滚雪球（Kearney，1993）

这种合作学习技能（见图 2.2）突出了异质分组的好处，因为它有利于尽可能多地收集想法和信息。

第一步：小组的每一个成员单独工作，列出一些观点或信息。

第二步：相互配对，彼此解释列出的内容，并将两者合二为一，删除重复的内容。

第三步：将组内 1 号和 2 号的观点或信息进行汇总，将两个列表合二为一，删除重复的内容。

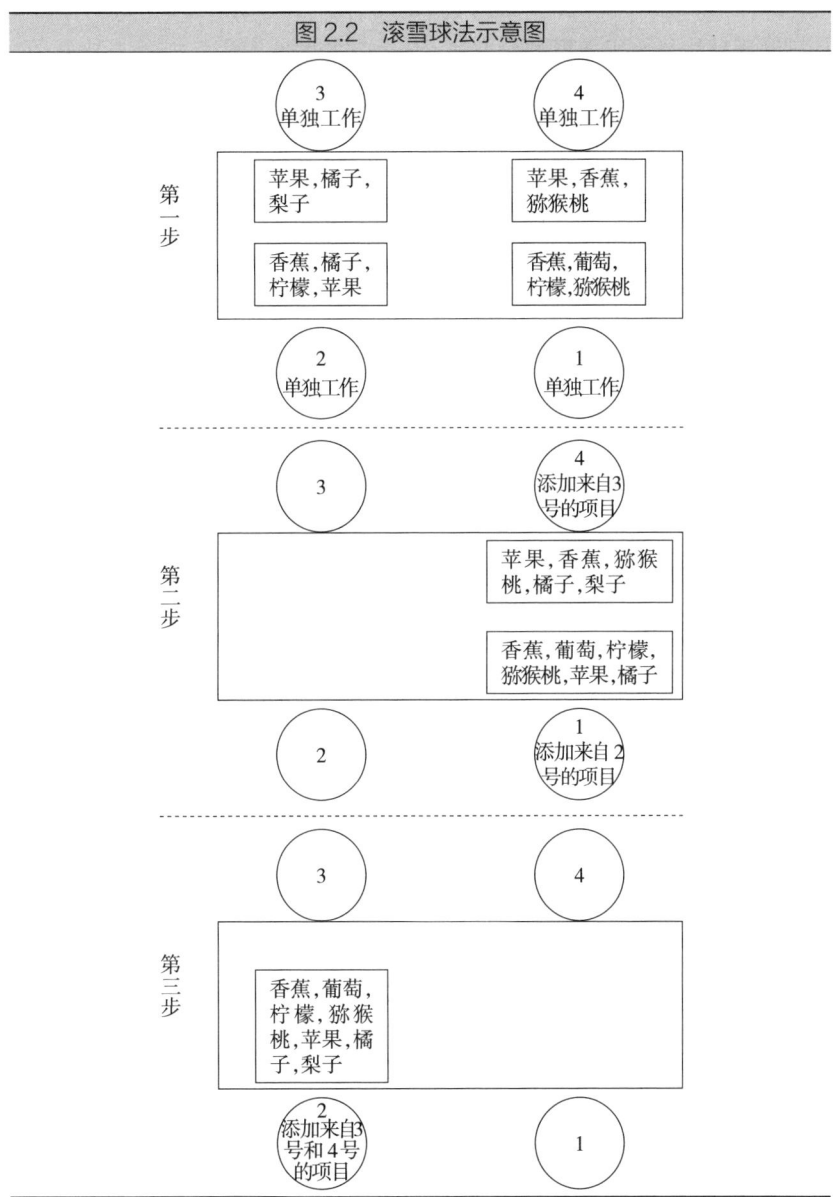

图2.2 滚雪球法示意图

图2.2展示的是收集大量信息时可使用的合作学习技能。在第一步中,每位学生单独列出清单。在第二步中,学生两两配对并综合清单列表,删除重复信息。在第三步中,将每对学生的清单进行汇总,小组产生一个综合全面的相关物品清单。

滚雪球法是小组建设的好方法,因为它充分地表明了"三个臭皮匠,顶个诸葛亮"。

• **滚雪球法的应用**

语言:教师在黑板上写出一个长的单词,如"important",然后由学生用滚雪球的方法,用"important"一词中的字母造出新单词。

数学:教师鼓励学生用新奇的方法来测量一棵大树的树围。学生运用滚雪球的方法提出许多不同的测量方法,如用绳子先把树干围起来,然后再用尺子丈量绳子的长度以及用手指丈量等等。

科学:教师在黑板上写出一道讨论题,如"生物体是通过什么途径来保证自身的生存的?"。学生运用滚雪球的方法罗列出生物体得以生存和发展的许多方法,如燕尾蝶模仿黑脉金斑蝶,蜥蜴通过改变自己身体的颜色来掩饰、隐藏自己,通过风来传播花粉的植物会产生大量的花粉,等等。

社会:学生此前已阅读过许多过去和近期关于歧视的例子。在小组中运用滚雪球的方法,他们可获得受歧视者和目击者的信息,从而探寻如何解决歧视现象。

聚焦法(Kearney,1993)

运用滚雪球法能让小组清单上的信息越来越多。在聚焦法中(图2.3),信息则会变得越来越少。

第一步:每一位小组成员单独列出一些观点或信息。

第二步:小组成员两两配对,彼此解释所列出的内容,然后再重新列出一份清单,但上面只列出两人的清单中都出现的,或者两人都认为是最好的观点或信息。

第三步:组内两对学生重复第二步的过程。

第一编 合作学习基础

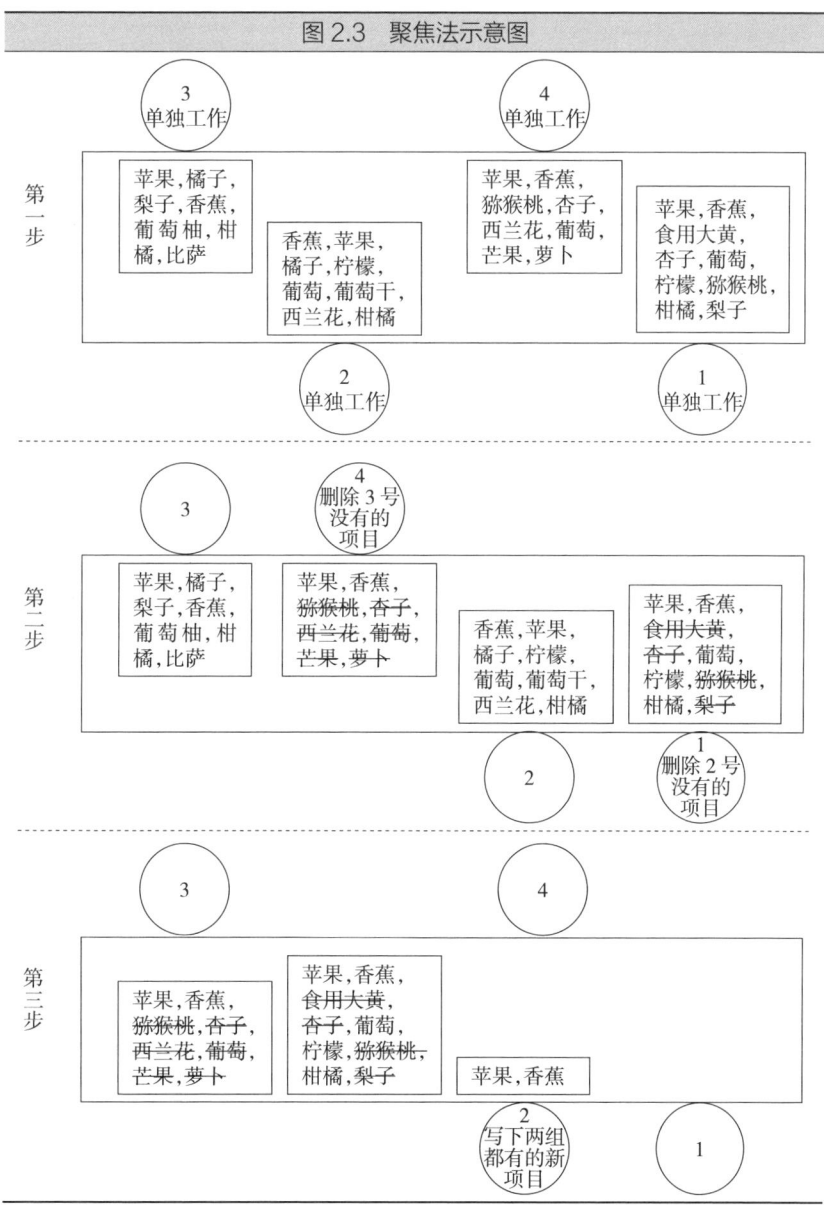

图 2.3 聚焦法示意图

当目标是完成一份短清单时，可以使用聚焦法。在第一步中，每位学生独自列出清单。在第二步中，学生两两配对，从各自的清单中挑选出相同的内容，或者当中最好的内容。在第三步中，全组列一个清单，内含所有成员清单中的相同内容或最好的内容。

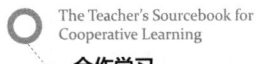

合作学习

实用技能、基本原则及常见问题

● 同样的游戏

"同样的游戏"是新加坡南洋理工大学教授克里斯廷·李(Christine Lee)为使用聚焦法而改良的另一种小组建设的办法。

第一步：小组的每一个成员都列出12项自己喜欢或不喜欢的条目。

第二步：小组成员两两配对，彼此解释所列内容，然后列出每对成员喜欢或不喜欢的8项内容。过程中还可以列出双方原先都没有列出的内容。

第三步：组内两对学生重复第二步的过程，尝试列出4项大家都喜欢或不喜欢的内容。

原则说明：通过确认共同点，学生们会认识到他们之间的差异并没有那么大。

● 聚焦法的应用

语言：小组的每一个成员列出某篇课文中写得较好的4处。通过聚焦法，他们将就哪一处是本篇课文中写得最好的达成一致意见。

数学：小组的每一个成员都列出用以展示数据的方法（如原始数据、段落摘要、数据图、曲线图、线段图等），运用聚焦法，小组成员从中选出最好的针对特定观众展示特定数据的方式。

科学：小组的每一个成员列出他们想在晚餐中吃的食物，运用聚焦法，删去那些不健康的或不是特别诱人的食物，并在此基础上列出一份色香味俱全的健康食谱。

社会：学生此前已阅读过许多过去和近期关于歧视的例子。在综合受歧视者和目击者的信息后，他们便会探寻如何去解决歧视现象，学生会想到自己体验过和目睹过的受歧视的情境，从中选出一到两种方法来抵制歧视。

户外小组建设游戏

体育教师和户外教育教师可开发一些小组建设游戏。其中一个游戏的名称叫"呼啦圈"。本书的作者观察了一位体育教师开学第一天的新课。每个小组由 6 位学生组成，他们围成一个圆圈，教师给每个组发一个很大的呼啦圈。小组学生必须手拉手，依次钻过呼啦圈并把呼啦圈按圆圈传递。

在开始的时候，呼啦圈在学生的手臂上，他必须先伸头然后再把身体移过呼啦圈，之后把呼啦圈传给右边的同伴，整个过程中要确保和同伴一直手牵着手。除了每个人必须钻过呼啦圈，而圆圈不能断开，每一个学生在传递呼啦圈时还必须叫出同伴的名字。

原则说明：当小组成员共同合作完成高难度任务时，小组的成员间明显形成了强有力的联系。这种强大的联系甚至难以形容！除此之外，学生相互熟悉了彼此的名字，并知道了体育游戏既富有挑战性又十分有趣，这样就能形成一个良好的开端。

下章要点

现在我们已经建立了小组。分组完成后，接下来该做些什么呢？

除了参与小组建设活动，创设促进班级合作的课堂氛围，为了形成有凝聚力的小组，首要的任务是形成一个共同的目标。任何一个小组都必须有共同目标。我们将在下章讨论促进小组团结的方法，主要聚焦于积极互赖原则。

第三章

积极互赖原则
Principle: Positive Interdependence

[关键问题]	什么是积极互赖？
	怎样帮助学生贯彻积极互赖原则？
	怎样鼓励学生树立"我为人人，人人为我"的精神？

[本章介绍的合作学习技能]	☑ 切块拼接法	☑ 切块拼接法 Ⅱ
	☑ 成绩分阵法	☑ 思考—配对—分享
	☑ 书写—配对—变换	

积极互赖

　　积极互赖是合作学习的重要原则之一。积极互赖体现了小组成员之间的情感：帮助一个成员就等于帮助了小组全体成员，伤害了小组中的某个人也就等同于伤害了大家的情感。大仲马的《三个火枪手》(Dumas, 1998)中"我为人人，人人为我"这句话绝佳地体现了这一点。卡干(Kagan, 1998)解释，为了衡量小组活动是否促进了积极互赖，我们须问自己两个问题：

　　小组某个成员的利益就是同组其他成员的利益吗？

小组成员间真的需要合作吗？（个人的力量真的不够吗？）

如果对这两个问题的回答都是肯定的，那么学习环境就有助于学生形成积极互赖。下面让我们来看看在教学中有助于贯彻积极互赖原则的合作学习技能。

切块拼接法

切块拼接法（见图3.1）是具有多种变式的合作学习技能。这里我们介绍基本做法。

第一步：首先把原始的四人小组称为"主队"，主队中每位成员接受不同的信息，这便是"切块"。例如一名学生知道蛙类栖息地的信息，另一名学生了解蛙类的构造，第三名学生知道蛙的饲养方法和繁殖特点，第四名学生了解威胁蛙类生存的因素。

第二步：学生离开主队，由接受相同信息的人员组成"专家组"。专家组的任务是弄懂自己接收的信息并做好教给主队其他成员的准备。

第三步：学生回到主队，轮流教授他们所掌握的信息。这便是"拼接"。组内同学提出问题并讨论。

第四步：学生参加小测验，测验的范围包括了上述四方面的内容，测验也可以改为以小组的形式共同去完成一项任务，但这一任务的完成必须涉及合作小组中四名同学分别教给大家的知识。根据测验的结果或小组完成任务的情况，给整个小组一个等级评估。（等级评估的具体方法详见本章中STAD部分）

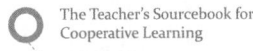

合作学习

实用技能、基本原则及常见问题

图 3.1 切块拼接法示意图

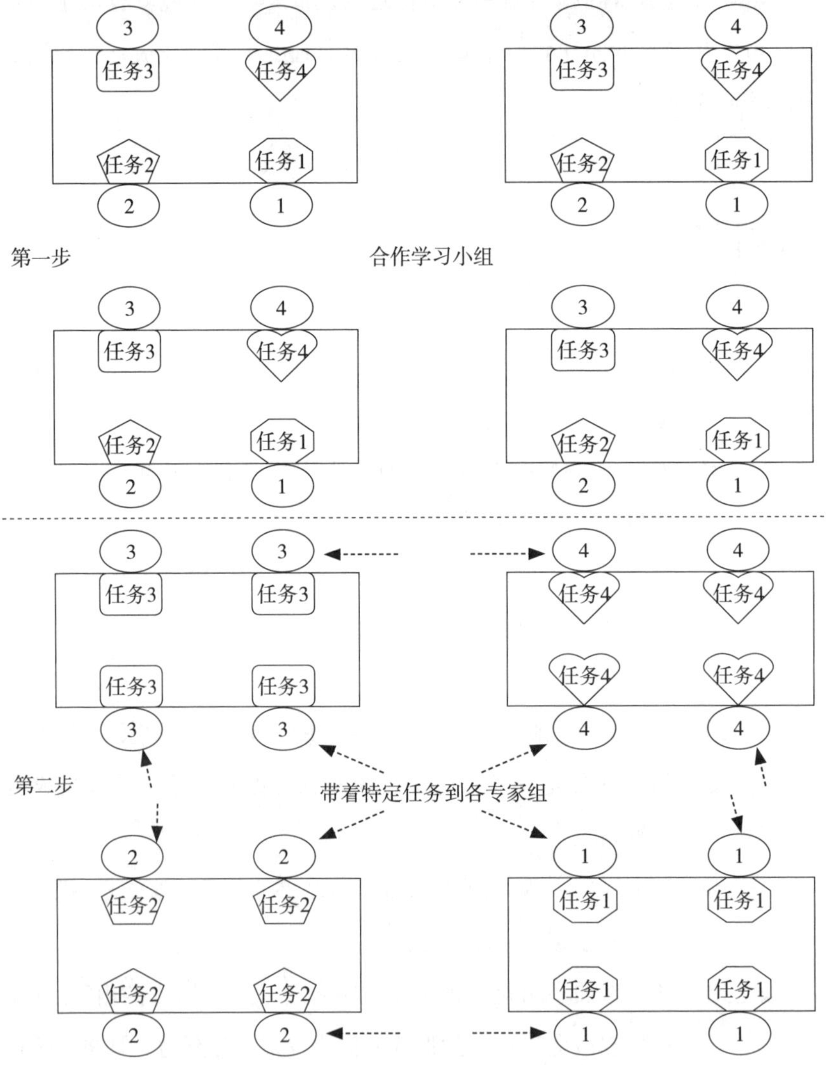

第一步　　　　　　　合作学习小组

第二步　　　　带着特定任务到各专家组

38

接上图

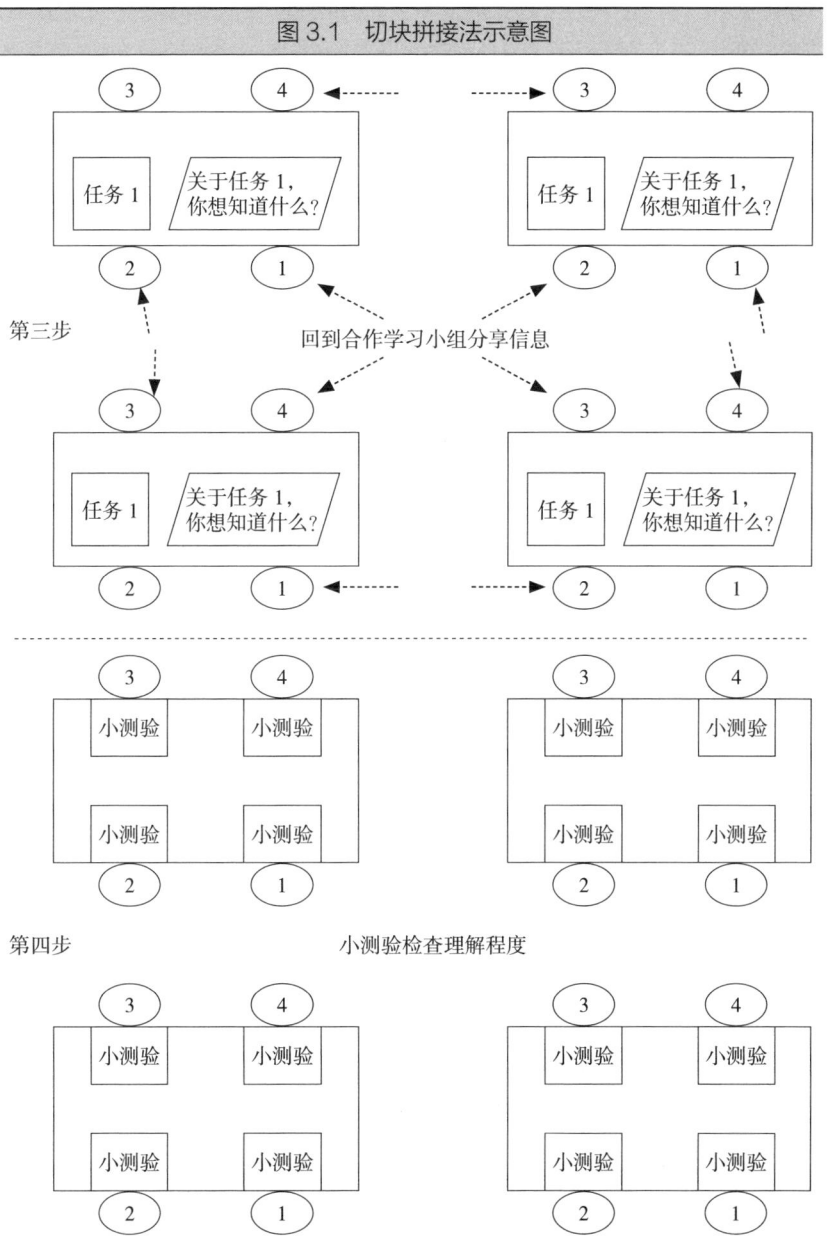

图 3.1 切块拼接法示意图

合作学习
实用技能、基本原则及常见问题

在切块拼接法第一步中,每位主队成员拿到切块拼接游戏中不同的部分。在第二步中,学生离开主队,与其他主队中持有相同内容的成员组成小型专家组。在第三步中,学生回到主队,并将他们在专家组中学会的知识传授给主队的其他成员。第四步中,学生参加测试,测试内容为所有四大块的信息。之后,主队还可以完成需运用到四大块信息的任务。

对切块拼接法活动的分析

现在让我们再回到与积极互赖有关的两个问题。

首先,小组某个成员的利益就是同组其他成员的利益吗?

是的。因为通过帮助小组同伴弄懂切块拼接法中的每一个问题,每一个人都对全组更好地完成任务做了贡献。

其次,小组成员间真的需要合作吗?(个人的力量真的不够吗?)

是的,合作确实是需要的。因为小组每位成员只学到了课文中某一方面的知识,他们依赖小组同伴来传授其他三方面的知识。换句话说,没有人能单独完成全部任务。

我们要鼓励学生明白,他们必须相互依赖。积极互赖不是任务本身所固有的,而应存在于学生的思考之中。作为教师,我们工作的一个重要组成部分是鼓励学生,使他们能清楚意识到共同合作能力的优劣决定了其成败。

运用切块拼接法时需注意的问题

以下是使用切块拼接法活动时需要牢记的建议(其他的建议可从"合作学习资源"部分中罗列的与切块拼接法有关的网站中获得):

◇我们通常会成立两个或更多的专家组,而不是把承担了相同任务的人都安排到一个专家组中。例如,班级中有28名学生,而只有4块内容,如果安排 7 个学生组成一个专家组，那么小组成员就太多了。所以，我们可就同一个内容安排两个专家组。

◇课文中的所有部分都应由学生自己弄懂。例如，如果我们把一部短篇小说分成 4 个部分，那些分到小说结尾内容的学生可能会难以理解内容。这时，我们可以通过运用切块拼接法Ⅱ（在下文中会进行解释），让学生拿到整个文本后再组成专家组，就每一块内容进行细致的研究。

◇学生在向主队其他成员介绍内容时可能会需要帮助。教师可以通过向专家组提出一系列问题给予学生必要的帮助。

◇学生可能不善于向主队其他成员介绍自己所习得的内容，他们可能需要借助提纲或图示（如单词网、思维导图等）。此外，学生或许想在专家组中事先练习如何陈述。

◇鼓励主队成员认真倾听每位专家组成员的汇报。每位专家都可以测试主队成员，以检查他们是否理解了自己所阐释的内容。

◇在向主队其他成员汇报之前，专家组可以从主题着手，自己进行研究，而不是依赖教师为切块拼接法活动提供的材料。

切块拼接法Ⅱ

切块拼接法Ⅱ是在切块拼接法的基础上演变而成的。在切块拼接法活动中，每一个专家都是主队中掌握特定内容的成员。在切块拼接法Ⅱ中，所有的成员都知道任务的内容，是指定内容的专家。切块拼接法Ⅱ的优点在于在阅读整个文本后，片段的理解会变得很容易。即使主队的某位成员缺席或做得不好，合作小组的活动也不会因此而受到影响。另一方面，切块拼接法Ⅱ意味着降低了积极互赖感。许多教师觉得，切块拼接法Ⅱ

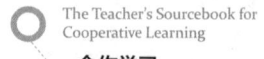

合作学习
实用技能、基本原则及常见问题

更易于运用,因为教材和其他资料不经改编也可以采用。

一位教师的经验

以下是我们认识的一位中学英语教师在运用切块拼接法Ⅱ后写下的:

这节课非常成功,专家组的学生为了成为指定内容的专家而勤奋学习。当能力较弱的学生难以理解段落中的内容时,他们会及时向同伴寻求帮助,而小组中的其他专家也会热心地帮助他们概括出段落中的要点。在专家组中,接受知识较慢的学习者表现得非常活跃,他们再三地核对要点,以确保在主队中不传递错误的信息。总之,我非常高兴,他们已认识到责任到人(将在第四章进行讨论)是合作学习实施中的重要因素,每一个人都不遗余力地想要做好自己所承担的工作。

切块拼接法活动中建立的其他积极互赖的类型

• 目标上的积极互赖

切块拼接法与切块拼接法Ⅱ统称为切块拼接法,都强调三种类型的积极互赖。第一种是目标上的积极互赖,简而言之就是小组的每一个成员都清楚他们有着相同的目标。对个人来说,切块拼接法的实质是为了和小组同伴分享信息而学习自己所承担的内容。这样,小组才能很好地完成任务,小组的每一个成员才能在测验中取得好成绩。小组的目标往往与课程学习目的相关。

约翰逊兄弟俩(Johnson & Johnson, 1998)推荐过一种简便易行的方法,用以表明小组的每一个成员都已经达成了自己的目标。那就是让小组成员在小组成果、组员的工作或课堂目标的声明上签名。通过签名,学生声明已完成了自己所承担的任务，检查了小组的任务，了解了课文的核心思想，掌握了关键技能并且其他的小组成员也都如此。通过帮助学生清晰地理解小组需要达到的目标和在达标过程中必须开展的合作，我们可以帮助学生建立起目标上的积极互赖。

• 资源上的积极互赖

切块拼接法所强调的第二种积极互赖的类型是资源上的积极互赖。资源上的积极互赖意味着小组的每一个成员都只拥有特定的资源，他们必须为了小组的成功而共享资源。这些资源可以有两种类型：信息或材料。

信息是切块拼接法中的一种资源类型。小组的每一个成员都拥有独一无二的信息，为了使小组取得成功，他们必须分享信息。信息可以由教师来提供，也可以由学生提供。信息可以从学生已拥有的知识中获取，如通过互相采访得知其他人对青蛙的态度，也可以通过研究获得。

另一种类型的资源是材料，比如：

◇ 在科学课上做实验，小组的不同成员拥有完成实验所需的不同的仪器。
◇ 制作结构图时，每个学生可以用不同的颜色笔，目标是结构图上必须有所有的颜色。
◇ 只向每组提供一组问题或数据。在每个问题之后，小组成员可以传阅资料。

• 奖励上的积极互赖

切块拼接法所鼓励的第三种积极互赖的类型是奖励上的积极互赖。单个学生获得的奖励，比如分数、表扬或贴纸，与小组同伴所获取的奖励有关。外部奖励一直是合作学习和教育中存有争议的问题，这一点我们将在第九章予以讨论。我们的基本观点是：在某些特殊的情况下，外部奖励是

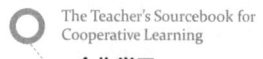

The Teacher's Sourcebook for
Cooperative Learning

合作学习
实用技能、基本原则及常见问题

可行的,甚至是必需的,但同时要寻求其他办法来逐步淘汰外部奖励。又或如同巴洛什(Baloche, 1998)曾向与她一起工作的职前教师所提的建议,在没有想好如何停止奖励之前,不要随意使用这个方法。

• 积极互赖的其他类型

除了目标、资源、奖励上的积极互赖,还有其他类型的积极互赖。首先是角色上的积极互赖,在这一积极互赖中,小组的每一个成员都扮演着独特的角色,帮助小组实现目标。在第六章中我们将讨论这种积极互赖中的重要组成部分——角色。

另一个类型是认同上的积极互赖。它指的是帮助全体组员感受到认同感。体育队、俱乐部、各种各样的小组,甚至是帮派,都通过运用一些特殊的方式,比如歌曲、队旗、口号、颜色和特殊的庆贺方式等,试图在小组中建立共同的认同感。在第二章中我们曾讨论过小组建设,其实这就是培养学生在认同上形成积极互赖的一种方式。

认同上的积极互赖可以与奖励上的积极互赖一起使用。例如,在成功地完成了某一任务之后,全体组员可以用特有的方式欢呼庆贺。"人人成功"项目(见"合作学习资源"部分)开发了许多有趣的庆贺方式,比如沉默鼓掌和手风琴式鼓掌。需要注意的是,小组狂欢,如沉默鼓掌和手风琴式鼓掌,可以是宁静温和的,也可以是精力充沛的。另一种促进认同感的方式是让每个组都选出自己的标志物(如用植物、动物来标识自己的小组),通过这种方式培养学生对小组的责任感。

另外一种积极互赖的类型是外部挑战。这有时会涉及与其他群体的竞争。当我们更大的目标是把合作精神传播到班级中的其他小组时,我们可能会适量使用这种群体间的竞争。幸运的是,外部挑战不一定是针对人的。学生可以与一项标准竞争。正如一个接力队努力工作以超越他们自己完成工作所需要的最短时间一样,一个小组或一个班级也会很努力超越他们以前的分数,或者想出一个解决问题的办法。表 3.1 提供的是本章所讨论的积极互赖的要点。

表 3.1 积极互赖的类型及举例

积极互赖的类型	举 例
目标	完成规定的任务;给小组一个平均分
资源	小组的每一个成员拥有有关计算机历史的不同信息;小组的每一个成员有不同的仪器
奖励	如果达成目标,小组可以以特有的方式庆贺或获取一些积分
角色	小组中的一个成员是促进者,一个是提问者,第三个是检查者,第四个是记录员
认同	小组有自己的格言和特定的庆贺方式
外部挑战	小组成员一起努力,尝试减少校园自助餐厅中的浪费;小组成员共同设计一个广告,这个广告要比电视上播放的更棒

成绩分阵法(STAD)

成绩分阵是一种被广泛运用的具有奖励关联性的合作学习技术,前三步很简单,第四步稍有些复杂。

第一步:在某一主题的学习中教师面向全班进行教学。

第二步:在合作学习小组中,学生就这一主题进行学习研究,并为测验做好准备。

第三步:每个小组的学生以个人的名义参加测验。

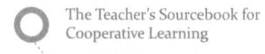

合作学习
实用技能、基本原则及常见问题

第四步：教师计算测验的分数（也可以由学生计算）。这步有些复杂（现在可由计算机完成，则容易些了）。将学生的分数和他们以往的成绩进行比较，每人能获取的积分点数是建立在与其以往成绩的比较的基础之上的。表 3.2 提供的就是成绩分阵的一个积分办法。

表 3.2　成绩分阵法积分方法举例

为所在小组赢得的分数	本次测验中的卷面得分情况	举　例
30	全班最高分（不论他以往的成绩如何）	金苏（Su Kim）为所在的合作学习小组赢得了 30 分，因为她这次得了 100 分，尽管她以往的成绩是 97 分
30	这次测验的成绩高于以往成绩 10 分以上	布鲁斯（Bruce）为自己的合作学习小组赢得了 30 分，因为他这次测验得了 89 分，比他以往的成绩 78 分高出了 11 分
20	成绩有进步，但与以往的成绩相比，高出 10 分以内	艾莎（Aisha）为自己的合作学习小组赢得了 20 分，因为她这次测验得了 92 分，而她以往的成绩是 88 分
10	成绩有退步，但退步的幅度较之以往的成绩在 10 分以内	奥克塔维奥（Octavio）为自己的合作学习小组赢得了 10 分，因为他这次测试的卷面分数是 82 分，而他以往的成绩是 85 分，退步了 3 分
0	成绩退步明显，退步分数在 10 分以上	萨拉（Sarah）没有为所在的合作学习小组挣到分数，尽管她这次考了 82 分，可比她以往的成绩 99 分下降了 17 分

一旦计算好了每个学生为合作学习小组赢得的分数，我们就可以据此决定有哪些小组可以得到表扬。表扬的方式可以多种多样，如证书、公告板通知、团队握手及沉默欢呼的机会等。"人人成功"项目推荐了以下基于

平均进步积点的 STAD 团队表扬方式：

　　25 分以上：超级组

　　20 分：优秀组

　　15 分：良好组

有关成绩分阵的若干问题

　　在成绩分阵法的实施中，教师常常遇到的问题是，个人的实际成绩和他在小组中的贡献存有差异。例如，艾莎测验实际得了 92 分，可她只为小组贡献了 20 分，而布鲁斯考了 89 分，却为小组得了 30 分。然而，艾莎在成绩记录册上的成绩是 92，高于布鲁斯的 89。这意味着学生的实际成绩和他为小组所做的贡献不成正比。

　　机会均等是成绩分阵法最显著的特点。机会均等意味着不论学生以往的学习成绩如何，每一个人都追求卓越、追求成功，都有同样的机会为小组做出贡献。之所以这样说，关键就在于计分方法较之以往发生了改变。如，尽管我过去的成绩只有 25 分，但只要我在下次的测验中进步到 40 分（进步 10 分以上），我就可以为我的小组贡献 30 分，我所做出的贡献和那些常常考出 100 分的同伴是一样的。

　　有的教师担心，常用成绩分阵法，他们就要花很多的时间去计算平均分并比较两次考试的成绩，对此，合作学习的倡导者建议：

◇ 让学生帮助你做一些计算工作。

◇ 运用电脑统计分数。

◇ 定期（如每五周一次）重新计算学生的成绩，而不是每次测验后就重新计算成绩。

思考 — 配对 — 分享

这是合作学习最著名的技术之一。(见图 3.2)

第一步：学生结伴配对。教师提出一个问题。每一个学生都花一些时间进行单独思考(一定要鼓励学生单独思考，不要相互交流。在这段时间里，教师甚至可以鼓励学生闭上眼睛去好好地想问题)。

第二步：每一对的两个成员相互交换看法。

第三步：教师随机请一些学生在班级中发言。发言的学生可以讲讲他们两人讨论交流后的看法，而不是只讲他自己个人的看法。这时教师要注意提醒学生，如你同伴的观点是什么、你们经过讨论后认识有没有深入等，不要只谈自己个人的观点。

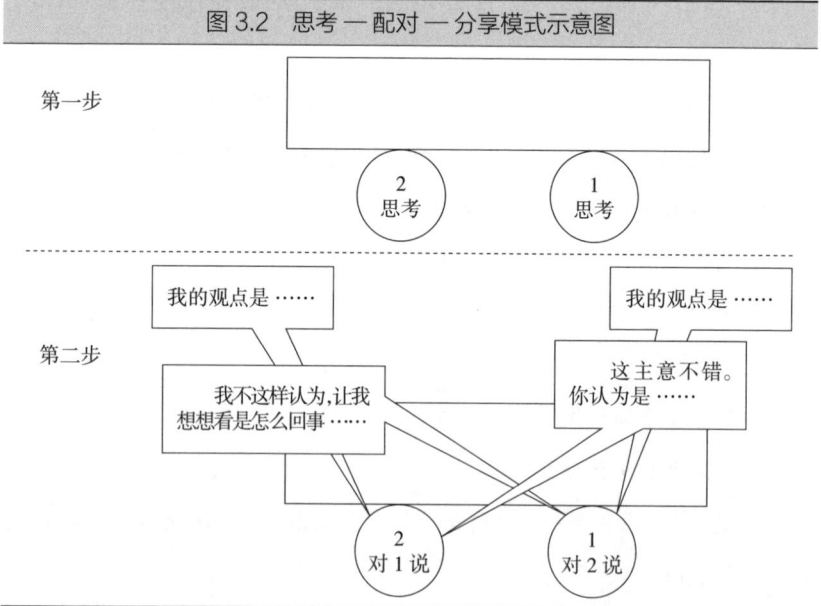

图 3.2 思考 — 配对 — 分享模式示意图

接上图

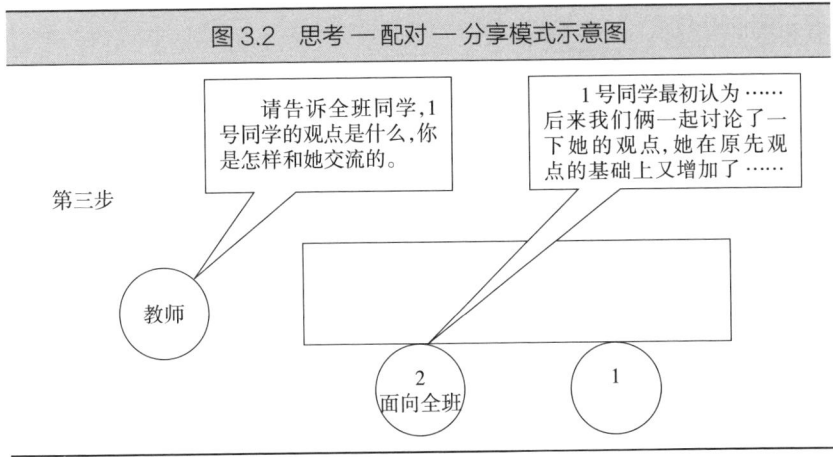

图 3.2 思考—配对—分享模式示意图

思考—配对—分享是合作学习最著名的技术之一。第一步中,每一个学生思考老师提出的一个问题。第二步中,学生组成小组,并和同伴针对自己思考的问题进行讨论。第三步中,教师随机请学生向全班同学汇报与同伴交流的结果。

思考—配对—分享模式怎样实施

有两种方式可以改进小组中的思考—配对—分享模式。具体如下:

"思考"环节筛选出思考后再发言的学生,尽管所有学生都能从思考中获取利益。

在"分享"这一环节中,鼓励学生认真仔细地倾听并确切地弄懂同伴的观点。

让我们来看看思考—配对—分享模式是如何促进积极互赖的。

首先,它是否使合作的双方都得到了好处?回答是肯定的。因为我帮助同伴,使他有了好主意、好观点,这同时意味着我也分享到了这一好观点和好主意。其次,我需要同伴的帮助吗?或者换句话说,我能独自完成任务吗?任务肯定是不能独自完成的,因为我可能要面向全班进行汇报,汇报的

合作学习
实用技能、基本原则及常见问题

内容不仅仅是我个人的观点，它还必须包含相互交流时从同伴处获取的观点和意见。

值得注意的是，我们不能仅仅把思考 — 配对 — 分享模式视为一种合作技术，其更为可取之处也许在于体现出的合作观念。作为一种合作观念的具体体现，思考 — 配对 — 分享模式还可以有许多不同的具体变式。例如，我们可以用"书写"来代替第一步中的"思考"，由此而形成书写 — 配对 — 分享模式。书写有助于学生记住自己的观点并更进一步地思考，否则，他面前的纸上将是一片空白，什么也没有。除了"思考"和"书写"，取代第一步的还可以有"绘制""观察""查出""研究"（利用图书馆、网络或者其他途径）和"设想"等。

同样，我们也可以用其他选项来代替"分享"这一步。事实上，分享是一个较难操作的步骤，我们可以和全班分享，也可以和配对的同伴分享，还可以与合作学习小组中的其他三人分享。卡干（1994）用"方阵"（square）一词取代了"分享"（share），因为方阵有四条边，它清楚地表明，这一技术的第三步操作是在四人合作小组中分享。

有一位叫珀尔莉·谭（Pearly Tan, 1995）的高中英语教师又进一步发展了这一模式，她用变换同伴的方法来取代合作小组中一对同伴向另一对同伴汇报的方式。在思考 — 配对环节中，1 和 2 是一对，3 和 4 是一对，然后进行同伴交换，1 和 3 为一对，2 和 4 为另一对，我们将这种操作技术称为"思考 — 配对 — 变换"或"绘制 — 配对 — 变换"等等。

有人也许会问，这一方法为什么就只有三步呢？为什么不能有"绘制 — 配对 — 变换 — 绘制"等更多的步骤呢？这是因为，我们认为学生第二次绘制（或思考）出的东西与其第一次绘制（或思考）出的东西已有所不同，这时绘制出的东西中已包含了和第一个、第二个同伴互相交流后所得的思想和认识。

值得一提的是，运用思考 — 配对 — 分享模式并不需要花费很多的时间。例如,学生思考用 1 分钟,配对交流用 2 分钟,然后教师再花 2 分钟了解一下学生讨论交流后的观点,总计也只用了 5 分钟。事实上,许多合作学习的技术都不需要占用很多时间,例如,和同桌交流就只需要用很少的时间。许多便捷可行的合作技术,我们都可以将其和讲授、视频演示等教学方式结合起来运用。

书写 — 配对 — 变换

书写 — 配对 — 变换模式(见图 3.3)是由思考 — 配对 — 分享模式演变而来的,其实施步骤如下:

第一步:每个学生独自工作,写下对某问题的回答或其他的提示。

第二步:学生两两配对,讨论交流各自的答案(或观点)。

第三步:合作小组中的学生间相互变换同伴,形成新的两两配对。每个学生告诉自己的新同伴自己原先的同伴对此问题的观点是什么。

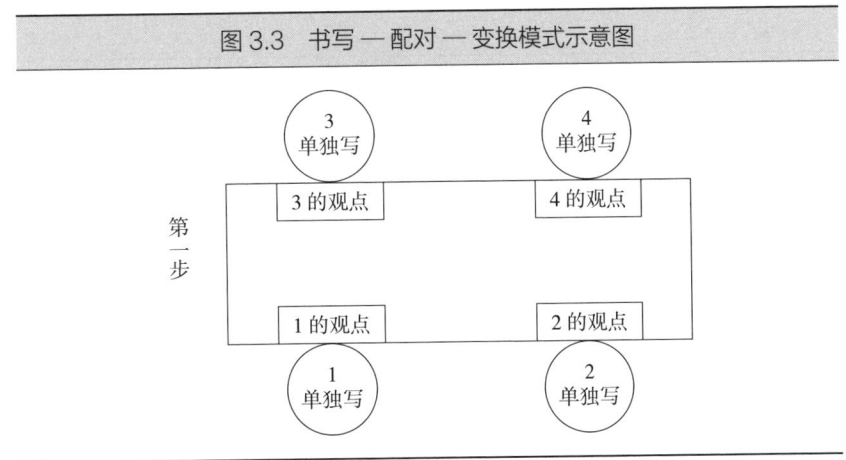

图 3.3 书写 — 配对 — 变换模式示意图

接上图

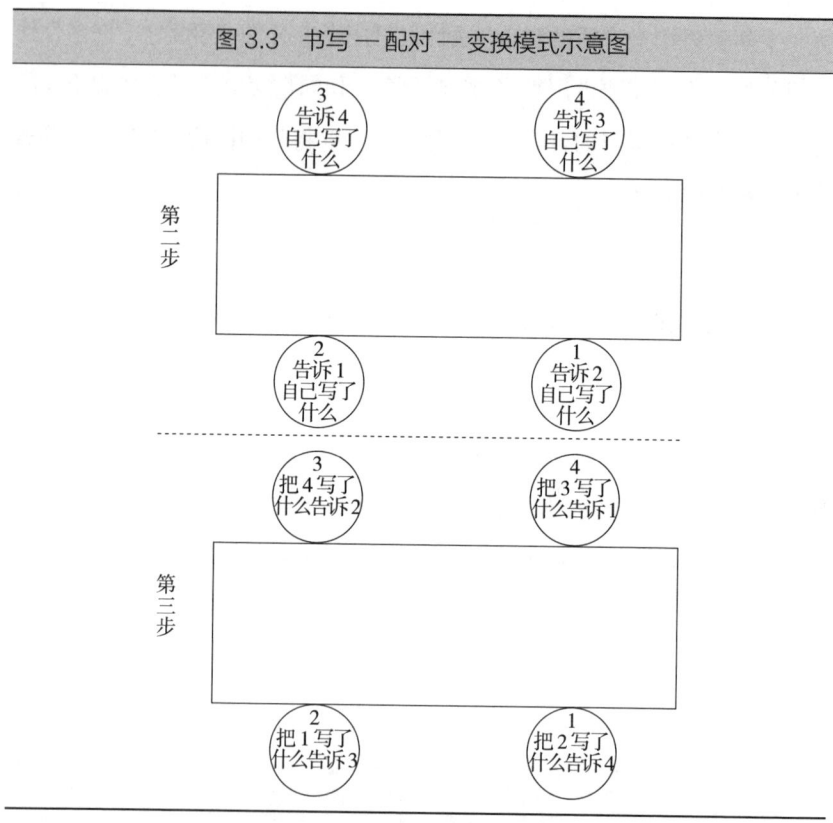

图 3.3　书写 — 配对 — 变换模式示意图

书写 — 配对 — 变换模式与思考 — 配对 — 分享模式类似。第一步中，每个学生写下老师提出的一个问题的答案。第二步中，学生组成小组，并和同伴针对自己思考的问题进行讨论。第三步中，学生组成新的小组并告诉自己的新同伴原先的同伴对问题的回答。

一个科学课上运用书写 — 配对 — 变换模式开展活动的实例

每位学生描述一下他们乐于见到的人类在利用资源方面所发生的变化（如纸张、石油的使用），以及为什么这种变化是有益的。向自己的同伴描述一下这种变化并尝试说服同伴接受自己的观点。然后,交换合作小组中的配对同伴。再向新同伴介绍自己原先的同伴的观点和认识。

> **下章要点**
>
> 积极的相互依赖为小组成员提供了情感支持,小组的每一个成员都意识到,同伴和自己在一起,大家在共同努力。但也要看到,有些学生可能会抵御不住偷懒的诱惑,让小组同学为自己代工。因此,除了对做得好的学生予以鼓励,还要培养学生养成相应的责任感,这就是我们在下章要谈到的问题:责任到人。

第四章

责任到人原则

Principle: Individual Accountability

[关键问题]	怎样鼓励全体学生积极参与小组活动与学习？ 怎样帮助学生学会对小组负责？
[本章介绍的合作学习技能]	☑ 写作循环圈　　　☑ 轮流发言 ☑ 前测和后测　　　☑ 配对交流 ☑ 和邻座讨论

责任到人

小组活动最常遇到的问题之一是，总有个别学生试图偷懒、不劳而获。这些在学习中搭便车的学生不仅自己失去了学习的机会，同时还影响了小组的其他同伴。他们的行为不仅使小组其他同伴失去了获取他人观点的机会，同时也影响了小组的学习士气。责任到人的学习原则为我们提供了一个解决这类问题的思路。

责任到人意味着每一个人都必须对小组的学习和成功有所贡献。每一个人都有义务在小组中展示自己的能力和才华，去学习、去为小组做贡献。卡干(1998)曾给责任到人下过定义,即每一个人都必须有看得见的行为表现,这种行为表现是全体小组成员所必需的。这就是说,每一个人都不应该当观众,更不能做南郭先生。这不是指小组的每一个成员都必须站在大礼堂的舞台上大声唱歌,而是通过说、写、画等一系列的活动,让小组同伴看到他参与了。换句话说,为了全组的目的,"公共观众"可以是一个人。在合作学习小组中,一个人如果说出了自己的观点或者向其他同伴读了自己写出来的东西,那么,这些观点、思想等就不再只属于他个人,而是小组成员共享的了,这样一来就给了每个人以一定的压力,促使他们去思考、去学习,从而使自己的行为表现更为优异。

必须指出的是,在做出行动时,小组同伴间的相互学习是被鼓励的。通过倾听和观察他人的行为表现,每一个人都可以从同伴处学到许多其他的东西。学生可以就自己所擅长的问题进行相互赞赏,并把其当作正面教材加以学习。当学生帮助对方克服自身缺点时,提供帮助的人也可以从中受益。这就是我们在第二章中提到过的"教一遍等于学两遍"。是的,如同一个采用了合作学习技法的教师曾经说过的那样:"当学生相互帮助的时候,我也同时学到了许多'教'的方法。真是太有意思了!孩子们有他们自己独特的阐释问题的方式和方法,他们的方式和方法有时甚至比我们教师的更有效!"

这些当众的行为表现还可以帮助教师更清楚地了解学生在想些什么。当一个学生向另一个同伴解释说明概念时,教师在一旁静静地倾听是一种很好的方式,它远比教师站在讲台上注视着学生的脸以试图猜测出他的真实观点要更为有效得多。

创造条件使人人都尽责

合作学习技法在实施过程中总是力图通过各种不同的活动方式、途径

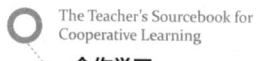

合作学习
实用技能、基本原则及常见问题

等来鼓励全体学生,使他们尽量做到责任到人,这些活动有:

◇ 小组的每一个成员都和自己的小组同伴一起分享各种观点与认识。这些观点与认识可以是口头的,也可以是书面的,还可以是其他任何形式。例如我们在第三章中提到的"书写—配对—变换"就是其中的一种形式。

◇ 小组的每一个成员都作为小组活动成果中必不可少的一员而存在。每个人在小组活动成果中所做的贡献可以是多种多样的,既可以是在一幕剧中扮演一个角色,也可以是承担小组报告中的某一内容的撰写任务。如第八章中的项目学习就是一例。

◇ 随机抽取一些学生,请他们阐释一下小组成员已做过的事情,如第五章中提到的"编号齐动脑"。

◇ 每一个人在小组中都有自己的任务,如果这个任务没有完成,那么小组将遭受失败(详见第六章中关于角色的叙述)。

◇ 同伴间分享在别处学到的东西,如第三章中介绍的"切块拼接法",或者和其他小组一起分享学习结果,如第五章中介绍的"相互串门交流"。

◇ 每一个人以个人的名义参加测验或考试,如接下来要介绍的"前测和后测"。

具体方法

下面我们就来了解合作学习的一些具体方法,看看在教学中该如何促使学生在小组活动中真正做到责任到人。

写作循环圈

一个简便易行而又富于变化的合作学习方法是写作循环圈。这一方法可以在四人学习小组中使用，也可以在四人学习小组中由学生两两配对实施。在写作循环圈中，每个人都必须依次写些内容。写作循环圈有两种不同的运用方式，我们可以分别把它们称之为"同时写"和"轮流写"。"同时写"就是全体小组成员每人手中都有一张纸，大家同时在纸上写。（见图4.1）最后总结，并让一些同学与全班分享他们小组所写的内容。

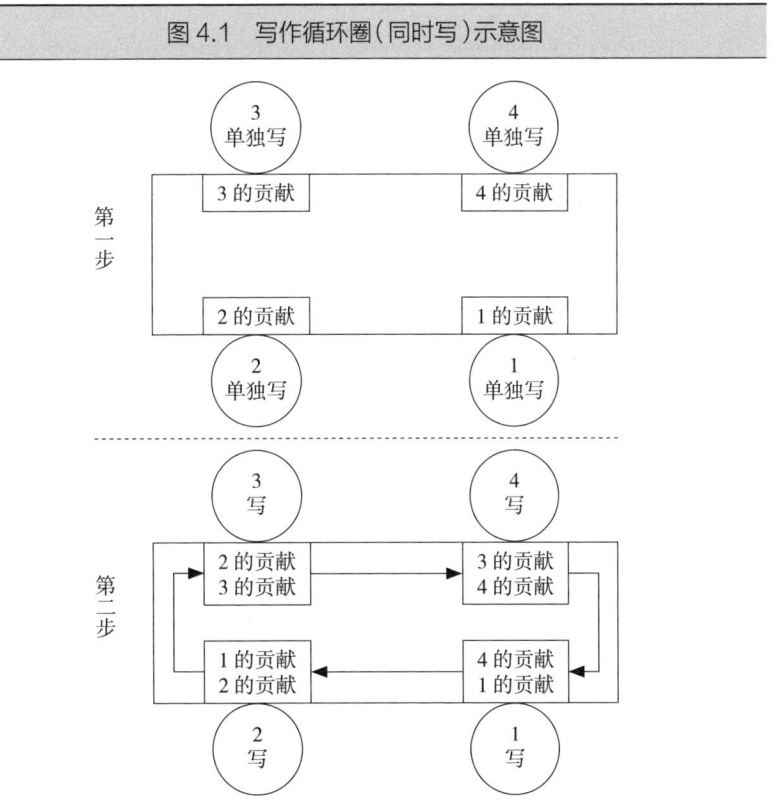

图 4.1　写作循环圈（同时写）示意图

接上图

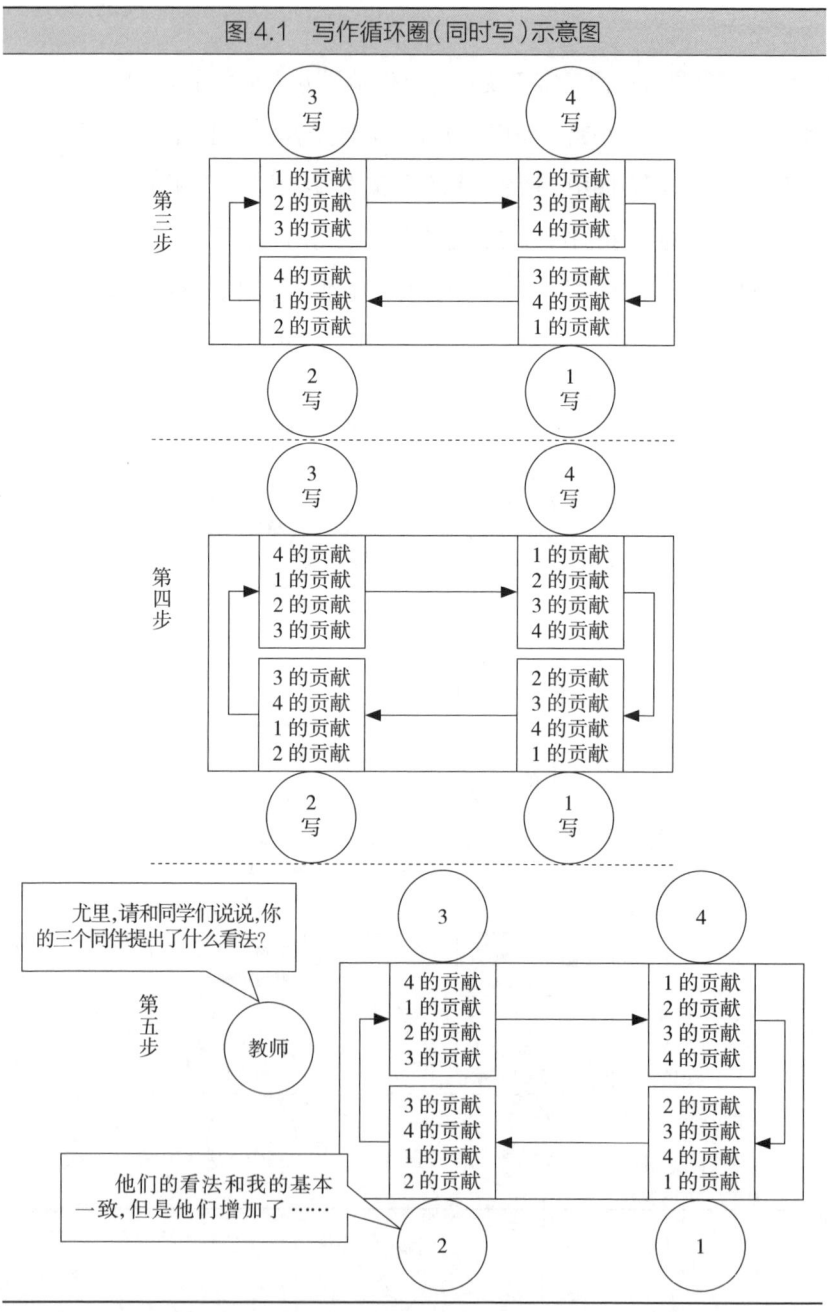

图 4.1 写作循环圈（同时写）示意图

第一编
合作学习基础

在写作循环圈(同时写)中,每位学生都有一张纸。在第一步中,全体小组成员同时在各自的稿纸上书写。第二步中,每人把写有自己观点、见解(或其他一些内容)的稿纸传给自己边上的同伴。每人在接到这张纸后再在上面增写一些新的内容。在第三步和第四步中,学生继续第二步的操作形式直至小组中的四个人依次在每张纸上都写下了自己的观点、见解(或其他一些内容)等,之后这张纸又传回到了第一个在纸上写下有关内容的学生的手中。在第五步中,教师请一些学生向全班报告自己写下的内容以及本组其他同伴的观点。

以下是一些"写作循环圈"的例子,其具体操作步骤为:

语言:每个学生先动手在稿纸上写一个故事。一段时间(如4分钟)后,每人把写有故事开头的稿纸传给坐在自己左边的同伴,每人接到前一人传来的稿纸阅读之后进行续写。这样不断重复进行,直至每张稿纸传回到最初开始写作的人手中。每个人为自己的故事写下结尾。

数学:每个人都被单独分开,要求解一些多步骤的数学题。每人只解题中的一步,然后把纸传给坐在自己右边的同伴,由他接着做下一步。这一环节被不断重复,直至求出题目的最终答案。如果某人在某一步的解题方法不正确,那么,小组全体成员可以先中断解题过程进行小组讨论,达成一致意见后再继续解题(请注意,有时也许有不止一步需要讨论和矫正)。

科学:小组的每一个成员都挑选不同的昆虫,小组的任务是用图来展示某一昆虫的生命过程。每人都可以画一幅图(或挑一张图)来表示自己挑选的那种昆虫生命开始的第一步,接着把纸传给左边的同伴,由他接着画(或挑选)一幅图来表示这种昆虫生命过程中的第二步。接下来依次类推,直至四种昆虫的生命过程图全部完成。

社会:每人都取一张空白表格用来比较电视和报纸这两种媒体的优劣。例如,一张表格有16个空格,那么每人在将表格传给左边的同伴前必须将某空格填妥。

"轮流写"是写作循环圈的另一种表现方式。较之"同时写",它的不同之处在于，全体小组成员只需在一张纸上书写即可，当任务完成时，教师请一些同学向全班分享自己所在小组的观点、结论或见解。（见图4.2）其具体操作步骤如下：

第一步：小组的一个成员单独在纸上写，小组其他成员进行头脑风暴。
第二步：下一个成员接到这张纸后，在上面写上自己的内容。
第三步：以上两个步骤重复，直至小组的每一个成员都已经写过内容，再把纸传递到小组的第一个成员那儿。
第四步：教师让一些同学汇报自己小组所写的内容。

图4.2 写作循环圈（轮流写）示意图

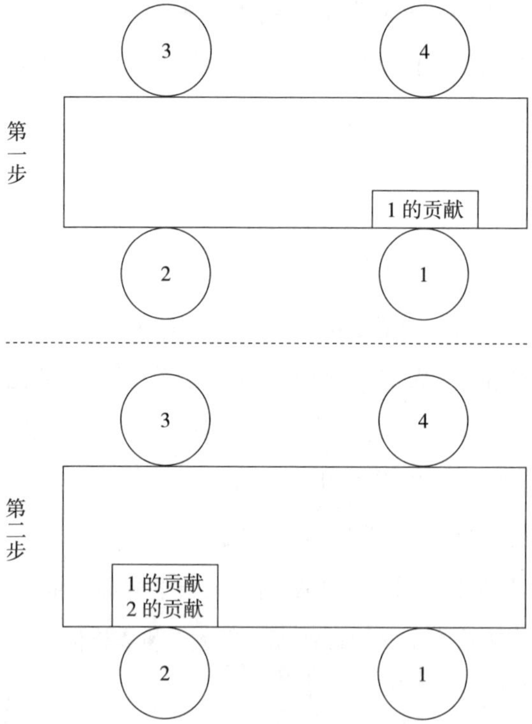

接上图

图4.2 写作循环圈(轮流写)示意图

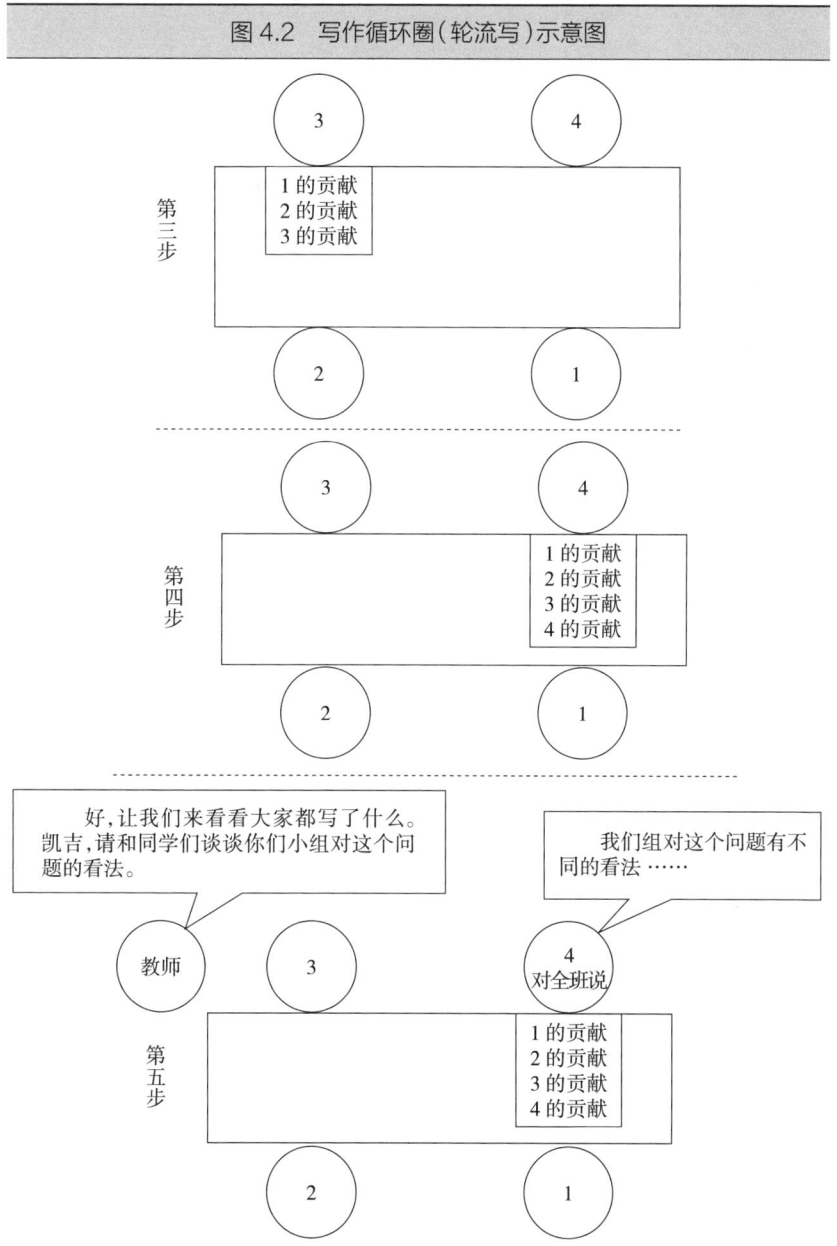

The Teacher's Sourcebook for
Cooperative Learning

合作学习

实用技能、基本原则及常见问题

在写作循环圈（轮流写）中，每一个小组只有一张纸，小组的每一个成员轮流在纸上写。此教学活动更加适用于精简的内容。

"轮流写"作为"同时写"的变式，可以用来解决小组面临的"唯一"任务。但值得注意的是，当我们准备采用"轮流写"的形式时，我们必须先预测一下，小组的每一个成员将会耗费多少时间。如果每一个人在将稿纸传递给同伴之前要花 4 分钟时间来书写的话，那么，在一个四人小组中，每人将会有 12 分钟的时间空在那里无所事事。因此，在运用"轮流写"时，采用两两配对的方式要比四人小组更为高效。

我们可以将写作循环圈的方法应用于以下实例。

◇ 学生就某一特定的主题或某一幅画列出一份适用的形容词词汇表。需注意，提供给学生的画最好是一些著名的、精美的公开出版物（如《国家地理》）上的图，这有利于激发学生的思维，使他们对主题产生亲切感以锻炼学生的想象力。

◇ 每个学生写一个形容词，然后把纸往下传。每次每个小组可以有不同的主题，如有关色彩的形容词、有关大小的形容词、有关外形外貌的形容词等等。

◇ 小组全体成员开展集体讨论（头脑风暴）。当一个学生写下些什么时，其他学生可以提出更多、更丰富的观点，或者也可以就此观点举例说明。

◇ 小组全体成员根据一幅图说明消化系统的各个部分及它们的功能。

◇ 小组全体成员通过依次作画的方式创作出一个有插图的故事（一本有趣的小读物）。注意，作画时速度要快，否则同伴要等很长时间，等到第二次轮到自己时，每人可以为画好的草图写上标题或补充对话内容。

◇ 小组全体成员对某一物体进行观察。每人写下自己的观察结果后把纸传给下一位同伴，下一位同伴拿到传来的纸后核对一下同伴的观点是否正确得当、是否是随意臆造出来的,然后写下自己的观察结果。

◇每人就刚学完的教学内容提出问题,这些问题可以是学生没有完全弄明白的,也可以是他们想更多地了解和掌握的。学生提出的问题对教师而言是极具价值的教学资源,教师可以据此确定在教学中该教些什么以及该复习些什么。

轮流发言

轮流发言是写作循环圈的一种变式,它将"轮流写"演变成了"轮流说"。我们已经注意到,有人还在尝试将"同时写"也做改变,使之成为"同时说",但是我们不提倡同时说,因为它必将导致谁也听不清别人在说些什么。不论是"轮流写"还是"轮流说",这一过程中个体的责任意识被进一步强化了,因为小组的每一个成员都通过写或说展示了自己,每一个人也同时看到他人的行为表现,听到了他人的观点。

前测和后测

前测和后测是一种检查学生知识掌握情况优劣的极好的合作学习方法,同时,它还有助于帮助学生形成责任意识。因为每个人都必须参与小组的工作,并尽可能地在小组测验中获取优异成绩,做出行为表现。

第一步:在开始一个新单元或新主题的学习前,教师准备好一个覆盖重点、难点问题的小测验。全体学生都参加这一前测。教师记下每人在前测中的成绩,同时对那些有很多学生产生理解错误的地方予以特别注意。教师和学生都要关注在前测中错误涉及的知识点和技能。

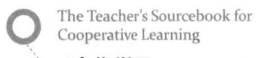

合作学习
实用技能、基本原则及常见问题

第二步：全班共同学习这一主题或单元，并为与前测类似的测验——后测做好准备。学生以小组为单位进行学习和研究，但以个人的身份参加后测。

第三步：后测完成后，学生再次记下小组中个人的成绩，并将后测成绩和前测成绩进行比较。小组在比较时，既要突出已取得的进步，也要指出有待改进和提高的方面（问题）。

第四步：后测成绩有提高的小组可以有一些庆祝方式，如小组欢呼喝彩或能得到其他的奖励。有些测试题对学生来说是很困难的，这就需要教师去帮助他们解决。

前测和后测可以促进学生形成和发展责任意识，因为每一个人都必须在前后两次测验中展示自己。这一方法的另一可取之处在于，前测突出了教师认为学生必须学习的知识重点，后测则强调、提醒学生注意，教师希望他们牢牢记住学过的知识和技能。

配对交流（Johnson & Johnson,1991）

配对交流可让学生体验到"人多力量大"的原则，它对形成合作伙伴的责任感极为有利。配对交流的实施步骤如下：

第一步：教师提出一个问题。小组的每位成员各自提出自己对此问题的回答。

第二步：和自己的配对伙伴相互交流见解。

第三步：在相互交流的基础上尝试做出新的更好的回答。

第四步：两人都必须能对新回答做出阐释，能讲清楚新回答与最初的见解有什么不同。

第五步：教师随机抽查个别学生，请他们说说自己的看法及同伴在此问题上给自己的帮助。

很显然,配对交流是和思考问题相随相伴的,且这一问题不能用简单的"是"或者"不是"来回答,甚至问题都不应该有唯一的、简单的标准答案。在学生得出个人的答案后,他们要通过与自己的同伴分享答案的形式来当众展示自我,这时候"当众"指的是"当着自己同伴的面"。在第五步中,如果教师点名让他们进行第二次个人当众展示时,他们需要做好准备。下面是如何在不同学科中运用"配对交流"的实例:

语言:在阅读某一课文或小说章节后回答一组问题。

数学:解一些方程式。

科学:设计一个研究方案以证明实验室中使用的实验方法是正确的。

社会:对某一历史事件(如第二次世界大战中美国在日本投放原子弹)进行思考,设想若不如此,历史将会有何不同。

和邻座讨论

和邻座讨论(见图4.3)是一种简便易行的合作方法,它要求学生乐于倾听、善于表达,能与同伴进行有效的沟通和交流。

第一步:教师向全班同学提出一个问题,要求学生不但要回答正确,而且还应当和邻座的同学进行讨论和交流。每一个学生面朝自己的邻座,向他提出问题,如1号同学就教师的问题向2号同学发问,2号同学用一分钟时间作答,然后两人的角色互换,2号问1号答。

第二步:教师随机抽取若干学生回答,此时教师应该这样问:"对这个问题,你的邻座是怎样回答的?"这种问法实际上就是要求学生在交流时要仔细倾听,并鼓励学生帮助自己的同伴去认真

合作学习
实用技能、基本原则及常见问题

思考问题,使答案更为完善。否则的话,一旦被教师点到,学生就会茫然不知所措。

图 4.3　和邻座讨论示意图

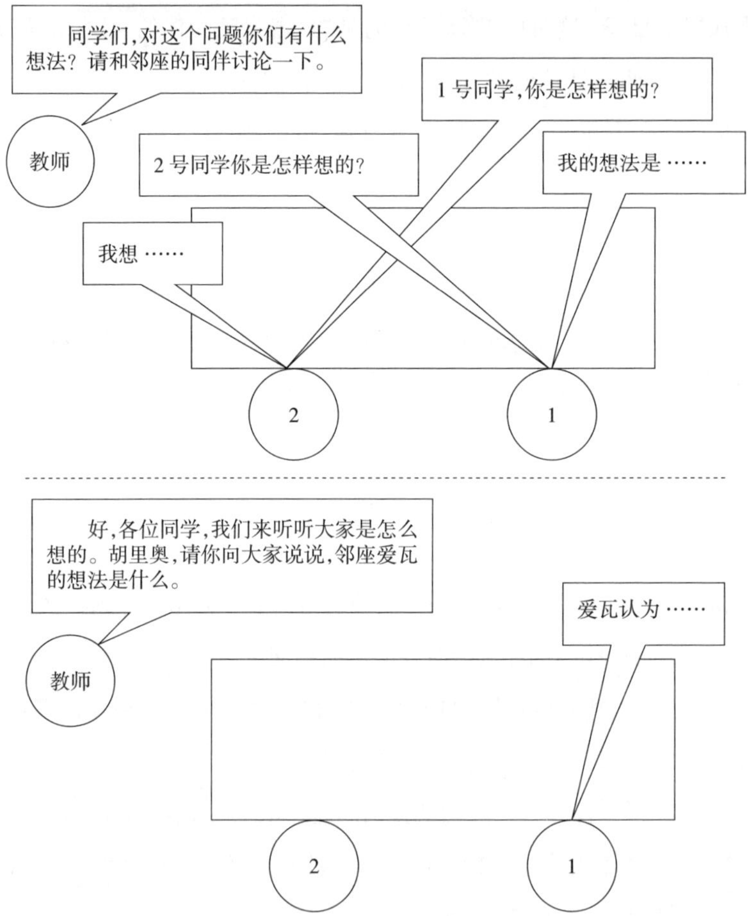

"和邻座讨论"这一方法鼓励学生用心聆听。在第一步中,教师向全班提出一个问题,但要求学生不能立即回答,而是先与邻座或小组同伴讨论,然后再做出回答。在第二步中,教师随机抽取学生,让他们汇报自己的邻座或小组同伴所说的内容。

为了充分利用有限的时间,学生会详细地修正他们自己的答案,以便使自己的观点更充分、更有理,更有说服力。与此同时,同伴也会向他提出一些补充问题。实际上,当每一个学生在向自己的邻座陈述答案时,他们就是在展示自己,就是在表现自己。同时,在同伴陈述时,他们还必须认真倾听,为向全班同学陈述同伴的答案而做准备。这一方法对发展学生的倾听和表达技能是极为有效的。

下章要点

鼓励责任到人的方式之一是评估。评估策略我们将在原则九中讨论。在原则三中我们曾向大家介绍过成绩分阵法(STAD),这一方法的特点就是共同学习、共同研究,但每个学生却以个人的身份参加考试。合作学习给了学生许多表现自我的机会,因为它鼓励学生相互影响、相互合作,也就是同时互动,即我们下章要讨论的问题。

第五章

同时互动原则
Principle: Simultaneous Interaction

[关键问题]	怎样给学生更多的机会以表达他们自己的观点？ 学生该向全班汇报他们小组的工作吗？ 如何鼓励学生向小组同伴陈述自己的想法？	
[本章介绍的合作学习技能]	☑ 配对复习 ☑ 相互串门交流	☑ 编号齐动脑 ☑ 评头论足

同时互动

　　正如原则二所述，德西和赖安（1985）强调人有三个基本需要，即交往、胜任力和自主的需要。在原则二中，我们讨论了人的交往问题，现在我们来讨论人的胜任力问题。合作学习通过创设促进学习的情境来发展学生的胜任力。在这种情境中，同伴会给对方以帮助，会让他们在一种低风险的、积极的评估氛围中学习，这就促进了学生胜任力的形成和发展。此外，学生通过掌握学习内容、帮助同伴学习证明了自己的能力和才华。由于有同伴的帮助，学生成功的机会也增加了，这势必会提高他们的自信心和胜任力。

学生所进行的互动,不论是说还是写,都有助于其能力的发展。他们不再把课堂学习的大部分时间耗费在听教师(或某一个由教师指定的学生)的讲解上。这就是我们把同时互动作为合作学习重要原则的原因之所在。

卡干(1998)曾说过,要知道学生现在是否真正地在同时互动,教师就应该不断地观察课堂并向自己发问:"现在全班究竟有多少学生在发挥着自主性,在影响着别人?"所谓"自主地影响别人",在这里指的就是学生表现出可见的学习方式,如完成说、写或其他一些可动手做的任务。当全班学生分别在各自的四人合作学习小组中学习时,若采用"轮流写"或"轮流发言"的方式学习,那么每四人中就有一人正在说或者正在写,全班就有25%的学生在自主地影响别人。若全班学生都以两两配对的方式"轮流发言"或"轮流写",那么每两人中就有一人正在说或正在写,全班就有50%的学生有自主地影响别人的表现。

为什么要强调自主地影响别人?虽然听和看也是一种学习活动,但与之不同的是,当学生读或写时,他们必须把自己的观点用语词表达出来,只有这样同伴才能听到或看到,这就必然会促进学生责任感的形成和发展(见第四章),以促使他们要求自己说得更好、写得更好。让学生用语词来表述自己的思想有三大好处:

◇ 它会使同伴从中受益。
◇ 如果学生试图用语词来表述自己的见解,那么必然会使学生的思路更清晰。学生会在说和写的过程中注意到自己知识上的缺口和理解上的不足。
◇ 它有助于教师更好地了解学生。

合作学习

实用技能、基本原则及常见问题

继时互动

与同时互动相对的是继时互动。继时互动的显著特征就是教师站在讲台上,面向全班滔滔不绝地讲,有时教师也会提出一个问题,点名请一个学生来回答,稍加评论后再请另一个学生加以补充,如此等等。我们曾听过一个小学语文课的实例,它再贴切不过地反映了教师在课堂教学中存在的主导倾向。

在这节课上,教师正在教有关形容词的内容。教师在黑板上写下了一组形容词:勤劳和懒惰。紧接着教师说,近来全班最勤快的两个学生是某某和某某,最懒惰的学生是某某和某某。随后,教师又在黑板上写下了一个形容词:多嘴多舌。写完后她问道:"在我们班里,谁最多嘴多舌?"几个坐在后排的学生恶作剧般举起手来,异口同声地说:"老师。"

这是一个很有代表性的事例。在课堂教学中,有些内容点到即可,学生完全能够理解,但我们许多教师却总是喜欢喋喋不休,这不能不说是一件令人悲哀的事。

当教师在讲台前勤勤恳恳地讲授时,或者当教师点名请一个学生发言时,全班有多少学生在发挥着自己的自主影响作用呢?在一个 25 人的班级中,其比率大约只占 4%。在课堂教学中,通过加强小组活动,可以显著提高每个学生自主影响的作用。例如,在一节课中,教师的直接讲授可以只占 10 分钟左右,其他的时间则可让学生进行"思考 — 配对 — 变换"活动(见第三章)。

第一编
合作学习基础

运用同时互动

学生应该汇报他们小组的工作吗?

同时互动鼓励人们把合作作为教学的常规组成部分,它同时也鼓励教师对运用合作学习方式后的教学进行必要的检查。例如,学生采用了合作学习的方式之后,总是希望以向教师和同学汇报的方式来获取认可,教师也希望能有一种可行的方式给学生以反馈或对小组活动予以检查。可以认为,每一个小组推荐代表向全班汇报是达到上述目的的一条较为可行的途径。

同时互动究竟该如何运用?如果不假思索地运用,前面提到的继时互动的现象就会在这时再现。当一些小组在介绍汇报时,其他小组的人正在干吗呢?他们也许正忙着做自己小组的发言准备而不去注意别人的发言,而那些已发言过的小组则处在一种松弛休息的状态,他们再也不想听其他的东西了。我们能责备学生吗?不能。因为任何人都不喜欢就同一主题的东西不停地听、反复地听。

我们的办法是,不必请每个组都上台来做介绍。取而代之的是,请这个组的代表到另一个组去介绍,而另一个组的代表则到这个组来介绍。当学生做介绍时,我们可以采用许多合作学习的方法来维持学生的同时互动,如"评头论足法"(见本章稍后)。另一种维持学生兴趣的方法是,所有的小组均从事同样主题的活动,但是每一组都只承担该主题不同方面的工作。例如,各小组解某一特定类型的数学题,但各组所解的题目是不同的。换句话说,当各组向全班做汇报时,如果他们所谈的内容和每个学生所在合作小组的活动有关,那么,所有的学生都会爱听,他们都会对其他小组的汇报内容感兴趣。有关这方面的问题,我们将在第八章中予以进一步阐释。

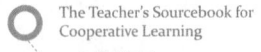

合作学习
实用技能、基本原则及常见问题

为什么互动很重要？

我们已经理解了同时互动中"同时"的含义，现在我们再来解释什么是互动。"互动"，无论对教师的教还是对学生的学来说，都是十分重要的。学生间的互动有助于他们形成新观点、发展新技能。我们常看到许多学习小组中，学生围坐在一起，但是，他们并没有协调努力，彼此缺乏互动。此外，将任务分解到人会扼杀学生间的互动。如果小组每一个成员都只承担了小组任务中的一部分，那么，教师就应该鼓励学生开展组间的互动，应该鼓励学生学习全小组承担的任务，并给学生以及时反馈。

合作学习提供了许多促进互动的方式方法。例如，在资源的积极互赖（见第三章）中，小组每一个成员都是唯一拥有某一资料和信息的人，这就促使学生必须和他人分享信息，因为他们已经意识到谁都无法依据手中仅有的资料来独自完成任务。平等参与（见第六章）则通过全体学生的共同参与来培养和促进学生间的互动。在第四章中，我们提出了责任到人的观点，要求小组全体成员都与他人分享自己的思想观点。课堂管理（见第一章）和小组建设（见第二章）也意在创设一个使全体学生感到同伴的关心、同学间的互动的舒适情境。

当然，我们也必须同时看到，并不是所有的教师都能够做到鼓励和促进学生互动，同样，当学生认为自己将以个人的身份参加测试时，他们也不会劳神费事地去帮助同学。应当意识到，教师的作用既是巨大的，但同时也是有限的。在教学中，教师不能热衷于做讲台上的圣贤。教师只能对学生的学习起指导和点拨的作用，而合作学习则恰恰能做到这一点。

促进同时互动的方法

在第三章中，我们讨论了"书写 — 配对 — 方阵"和"思考 — 配对 — 变换"的合作方法。和"书写 — 配对 — 分享"及"思考 — 配对 — 分享"相比，前者为我们提供的就是一种促使学生同时互动的技术和方法。之所以这样说，是因为在分享这一步，学生还要轮流向全班进行汇报，这就含有继时互动的因素了。和"分享"相比，"方阵"是指同伴间相互报告，而"变换"则是改换合作伙伴，这几种形式都能使同时互动的学习情境得以持续。现在，让我们一起来探讨其他有助于维持同时互动的合作方法。

配对复习（Johnson & Johnson,1991）

让学生"出声想"是一种促进学生加深理解、帮助学生相互学习的极好途径，同时，它也有助于学生合作技能的进一步发展。当我们把"出声想"运用到众多的合作方法之中时，配对复习的方法也就应运而生了。配对复习（见图5.1）是一种别具特色的合作学习方法，其核心组成就是"出声想"。配对复习的实施步骤如下：

第一步：合作学习小组的每个成员都以两两配对的方式开始工作，每对成员都有一份相同的问题清单。每对中的同伴1（思考者）看着第一个问题并进行"出声想"（即出声思考，把自己正在思考的内容用语词呈现、描述出来），而同伴2则承担"帮助者"的职责，倾听同伴的"唠叨"，看着他，向他提出问题。注意，这里的"帮助"包括向同伴提出建议——既向同伴提出问题，但同时又给予其鼓励。"帮助"在这里不含有立

合作学习

实用技能、基本原则及常见问题

即指出对方错误的功能，当然，也不应该为同伴代劳。

第二步：同伴 1 和同伴 2 的角色身份进行变换，2 号同伴成为思考者，1 号同伴成为帮助者。研究第二个问题。

第三步：每研究两个问题后，四人合作学习小组相聚一次，四个同伴共同就前两个问题的答案进行探讨，力求达成一致。讨论完之后，每对同伴要相互致谢，然后接着讨论后面的两个问题。

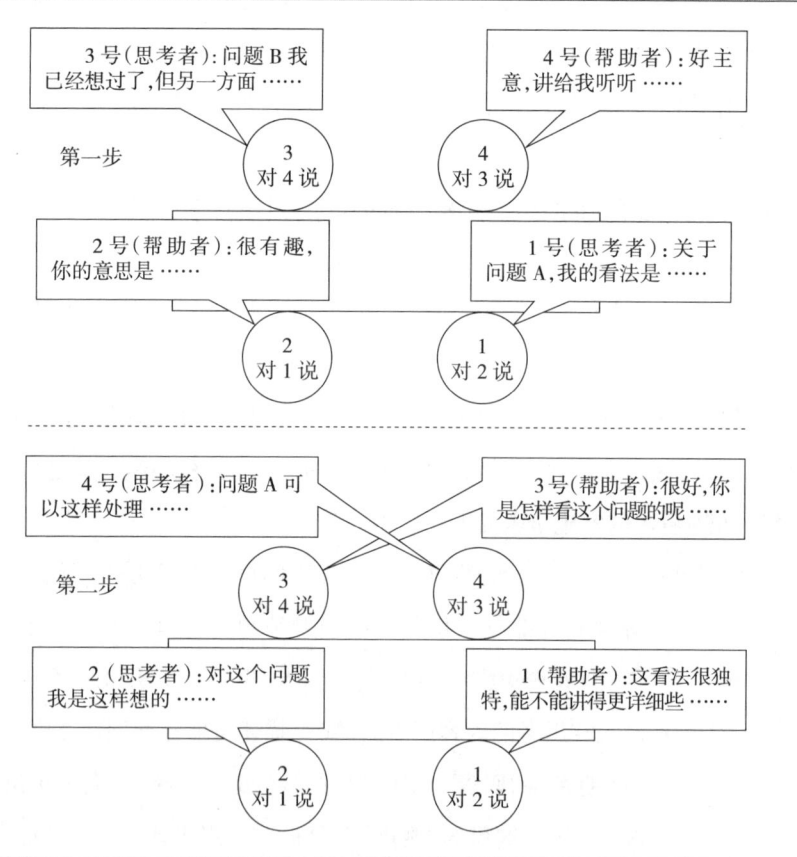

图 5.1 配对复习示意图

接上图

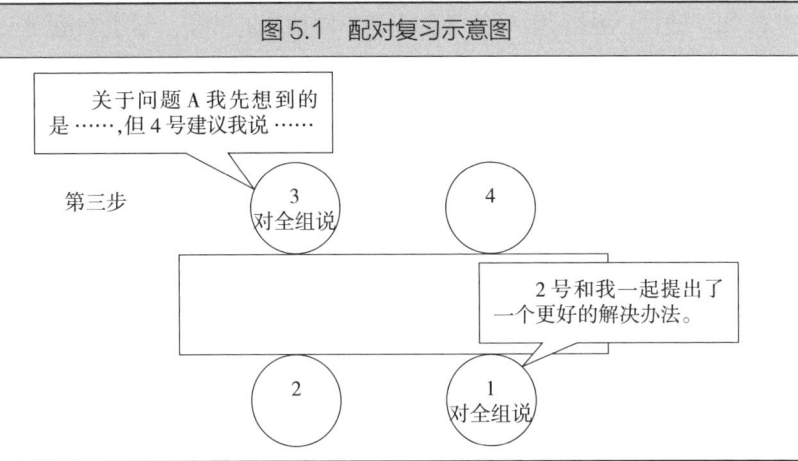

图 5.1 配对复习示意图

在配对复习时,每个四人学习小组首先获得一张问题清单。在第一步中,四个人被分成两对,分别扮演思考者和帮助者的角色,两人相互合作,解答问题清单上的问题。在第二步中,每对中两个人的角色互换,并继续讨论下一个问题。在第三步中,每两个问题后,四人小组聚集在一起讨论对策并尝试达成一致。

注意,尽管这一合作学习技术叫为"配对复习",但这并不意味着学生只是在复习时才用这一方法。它是一种适合于各种类型学习的、极具特色的合作技术。

· 配对复习的应用

以下是一些在各科教学中应用配对复习技术的实例。

语言:当学生回答和某一文学片段有关的问题时,要求他们"出声想",把分析的过程呈现出来。

数学:让学生去解一组类型相同的、解法具有多步骤的且不止一种的数学题。让学生表述出自己的思维过程,例如,运用画图或者运用数据等。当角色变换时,第二个思考者应力求做到解题方法更新颖,和第一个思考者的有所不同。

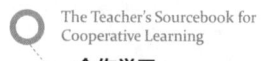

合作学习
实用技能、基本原则及常见问题

科学：在进行调查（研究）或获取资料之后，学生在对有关结果分析时进行"出声想"。例如，教师给学生三种不同植物的叶子。学生在检测三种叶子的淀粉含量后发现，第一种叶子含有淀粉，第二种叶子根本就不含有淀粉，而第三种叶子中则有些有，有些没有。小组的每个成员对形成这种现象的原因进行出声思考。

社会：学生就有限的资源分配问题进行研究，尝试提出解决的办法，就提出的最公平的解决办法进行出声思考。

编号齐动脑（Kagan, 1994）

编号齐动脑（Numbered Heads Together）是一种著名的合作学习技术，它的实施步骤为：

第一步：四人小组的每一名学生都有一个编号：1、2、3、4。
第二步：教师提出一个问题或给每组一个任务。
第三步：小组成员集思广益，共同解答问题或完成任务。
第四步：教师点某一个编号（如2号），就由每组的2号同学来阐释他们小组对问题的解答或汇报他们小组是如何完成任务的。

相互串门交流（Kagan, 1994）

编号齐动脑是一个适用面很广的合作技术，但你一定也注意到了，在实施过程中，至少有一步又重新回到了继时互动的老路上去了。因为当一个学生面向全班解释本组的活动时，在那一时段内就只有一个人在发言，如此算来，如果一个班级中有25名学生，那么就只有4%的学生在发挥着积极的影响作用了。

76

相互串门交流（Traveling Heads Together）则不然。它在强调小组活动的同时，也重视同时互动。在相互交流中，被点到编号的学生不是到课堂讲台上去向全班汇报、解释和说明本组的工作情况（过程），而是到另一个组中去，向其他组的同学解释本组的工作。很显然，这时候全班能积极发挥影响作用的学生就不只是一个人，而是占全班人数的 25% 的人了。

- 相互交流中的阐释的重要性

请注意上述方法中的第四步，即学生应阐释本组的答案，而不是简单地呈示本组的答案。阐释是非常重要的。任何一个学生，如果他不但明白了是什么，同时还清楚了是为什么，那么他获得的才是最好的学习，这就是人们常说的："授人以鱼，仅供一饭之需；授人以渔，则终身受用无穷。"阐释就是向他人说清楚自己的想法，只有阐释清楚了，别人才能真正接受你的思想和观点。

下面的这个例子改编自约翰逊（Johnson, 1989）讲的一个笑话，它非常夸张但却形象地表达了阐释的重要性。它清楚地告诉我们，作为教师，我们不能仅重视答案而忽略求取答案的过程以及答案背后的"为什么"。

有一位心理医生用了近一年的时间给三位病人治疗，她觉得他们差不多已经好了，为了证实自己的判断，这天她把三位病人请进了她的办公室。她对三位病人说："很高兴你们都有了进步，如果你们能回答出这个简单的问题，就可以回家了。"

接着，心理医生面向病人 A 问道："3 乘以 3 等于几？"病人回答说："等于星期一。"心理医生听后惊呆了，为掩饰自己的极度沮丧，她迅速地转向病人 B 问道："你认为 3 乘以 3 等于几？"病人 B 回答说："芒果。"心理医生听后几乎要晕过去了，她强打精神恳求般地看着病人 C 说："你肯定知道 3 乘以 3 等于几，是不是？"病人很快回答说："9。"

笑容浮上了心理医生的脸，但她毕竟是一位心理医生，她接着对病人

C 说:"为什么呢?向我们的两位朋友解释一下,为什么 3 乘以 3 等于 9?"
病人 C 回答说:"好的。3 乘以 3 等于 9 是因为星期一乘芒果等于 9。"

评头论足(Kagan,1994)

评头论足(见图 5.2)也是一种简便易行的同时互动的合作技术。

第一步:各组都完成一个较复杂(长期)的任务,如搞一个设计、制作一幅图画、完成一个实验、编演一出短剧。总之,任务完成时要有一个作品。

第二步:各组依次到其他组去读读、看看、做做,并给出自己的反馈意见。这些反馈可以用说或写的方式来表达,也可以用其他各种不同的方式,如在作品的空白处附上自己的意见和看法。

第三步:各组充分利用他们在班级中巡视时学到的东西来改进本组的作品。

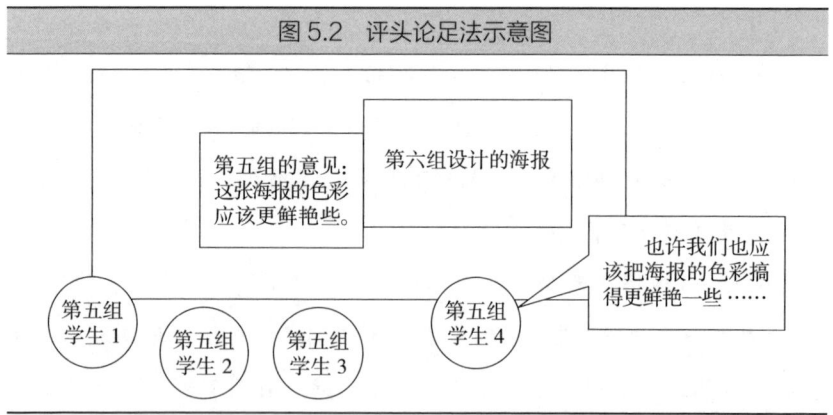

图 5.2 评头论足法示意图

评头论足法作为同时互动原则众多方法中的一种,能使学生在教师巡视的过程中聆听、观察以及讨论其他小组作品的可取之处。

在"评头论足"的过程中，我们该如何鼓励全体学生都负起责任呢？虽然"评头论足"能促使学生进行很多活动，但不可否认，有些学生可能只是随意地四处走走看看。下面就是一些鼓励每个学生在"评头论足"中真正参与其中、承担起相应责任的方法。

◇ 小组每个成员都要向其他小组展示本组的成果，可以进行一些表演，如唱一支歌。

◇ 小组每个成员的角色如解释的人、提出问题的人、书写意见的人等要有轮换。

◇ 在第二步中，由学生轮流把本组的反馈意见陈述给他们所到访的小组的同学听。

◇ 在第三步中，各组在决定如何改进本组的作品时，应运用"轮流发言"的方式讨论他们从其他组获得的反馈信息及从他组学到的东西。

下章要点

同时互动作为一种合作原则，其本意在于鼓励学生积极参与。当小组成员职责不清、小组功能虚弱时，小组成员必定做不到平等参与。因此，在下章中，我们将讨论的合作学习原则就是平等参与。

第六章

平等参与原则
Principle: Equal Participation

[关键问题]	如何促进小组成员的平等参与？
	怎样才能根据学生的能力水平差异给他们提供必要的帮助？
	对学习成绩不好的学生，我们该怎么办？
[本章介绍的合作学习技能]	☑ 谈话卡　　　　　☑ 谈话网
	☑ 用音乐呈示学习结果　☑ 小组思维导图
	☑ 绘图 — 配对 — 变换

平等参与

在小组活动中，一部分学生处于支配地位，控制和左右着全组的讨论和工作，而另一部分人则似乎可有可无，好像被人遗忘，这种情况并不少见。正因为这样，我们有必要将平等参与作为合作学习的重要原则加以提出。当然，绝对的平等参与是不存在的，无论何种主题或任务的学习，必定会出现有人参与多、有人参与少的情况，但诚如我们在原则四和原则五中所提出的那样,参与是合作学习的关键因素,没有参与就难有合作。当然,如果小组成员中出现普遍较少参与的情况,我们就应当寻找其中的原因了,如同卡干(1998)建议的那样:我们应当注意不断地观察并时时向自己发问:"怎样的参与才是平等的呢?"

促进学生平等参与的合作技术有许多,例如,"轮流发言"和"轮流写"就重在促进小组的每一个成员参与活动,但是,我们并不能由此而确定,有了参与的机会,他们就肯定会依次做出自己的贡献。为了鼓励每一个学生的积极参与,帮助他们形成和发展合作技能是必不可少的(见原则七),每一个学生都应当学会如何通过提问、建议等方式来鼓励同伴参与小组活动。

值得一提的是,有些班级是典型的多元文化班级,学生具有不同的文化背景和不同的人与人之间的相互影响方式(风格)。在这种班级中,学生具备的经验和观点都可以作为巨大的学习资源为全班所共享。当然,这对教师来说也是一个极大的挑战。合作学习有助于我们最大限度地利用这种学习环境,如同斯莱文(1995)说过的那样:"合作学习使班级多元化成了一种资源而不是一个难题。"

合作学习中的角色

平等参与落实到具体的合作学习实践中就是让小组的每一个成员承担不同的角色任务,在小组中负起特殊的职责,这也就是所谓积极互赖(原则三)。学生可以扮演许多不同的角色,但究竟扮演哪一种角色,取决于合作学习活动及其教学目标。下面是一些最常见的角色及其任务。

◇促进员(也称之为帮助者):牢记小组的任务,并确保小组中的每一

The Teacher's Sourcebook for
Cooperative Learning

合作学习
实用技能、基本原则及常见问题

个人都明了教学任务。

◇计时员：控制活动时间。

◇检查员：检查全组成员是否都已理解任务。

◇鼓动员（也可称之为啦啦队队员）：鼓励小组的每一个人参与，并带领全组成员庆贺成功。

◇记录员：记下小组讨论的内容，记录可以有一个统一的标准，也可以用生动的图形来表示，还可以用概念图、思维导图等。

◇报告员：向其他组或全班汇报本组讨论的情况。

◇资料管理员：确保小组有所需的资料，并妥善加以保管、整理。

◇发问员：提出问题以激励小组成员更深入、更全面地完成本组的任务。

◇总结员：概括小组讨论过的主要观点，总结小组做过的主要工作和取得的进步（成绩）。

◇解释员：重述先前发言者的话并核对其发言的意思。

◇点赞员：称赞同学的观点，夸奖他们在小组中的表现。

◇扩展员（精细加工者）：把小组的意见（观点）和已经学过的其他事情和校外的情况联系起来。（见第七章）

◇安全员：当小组成员在使用具有潜在危险的设备从事活动时，负责提醒其注意安全。

◇挑刺员：提出对立观点或其他可能出现的不同见解，如小组观点中被忽略的矛盾之处。

◇声控员：确保小组活动时的声音不致太高、太烦人。

◇观察员：注意小组成员是如何在一起共同工作的。（更多内容见第七章）

为了促使学生尽量掌握自己的角色身份，学生必须掌握一些和特定角

色相关的用语和句子,例如,鼓动员常用的句子有:

"关于这个问题,你怎么看呢?"

"你已提出了许多好主意。"

"我想我们的思路是对的,接下来怎么做?"

除了必须掌握一些有针对性的、适当的用语,承担不同角色的任务的人还应该做一些其他的事。例如,促进员应当:

◇控制小组局面,防止开"无轨电车",离题乱扯。

◇确保每一个人都清楚自己应该做什么。

◇检查每个人是否都在做分配给他的任务。

◇小组成员发生争执时设法予以解决。

◇对小组下一步该做什么提出建议。

教师对学生承担的角色的任务予以"行政支持"十分重要,这一点与学生扮演教师角色时需要我们支持是同样的道理。例如,如果学生对自己承担的促进员这一角色的任务不甚熟悉,同时他又缺乏必要的来自教师的行政上的支持,同学们就可能不认可他,他也会感到情况糟糕,认为自己没有威信。可以通过这些方式提供行政支持:

◇每个学生都持有一张卡片,卡片的一面写有角色称谓,另一面写有一系列角色常用语和行为。

◇小组的每一个成员都有一个编号,每一个编号在本次合作活动中承担的角色都写在黑板上,如所有的1号同学都是检查员,2号同学是促进员,3号同学是发问员,4号同学是声控员。

◇每一个学生都佩戴一个标有其角色身份的标志,上面标有此角色应

合作学习

实用技能、基本原则及常见问题

该承担的职责。

角色分配应符合人人都是领导的原则,这是迪顺和欧里维(Dishon & O'Leary, 1993)提出的合作学习的首要原则,其含义为:任何一个活动中的领导都不应该由教师或小组来选择,任何一个人,他所承担的角色都担负着领导者的职责,领导力可以通过不同的方式来表现。作为一个领导者,计时员需时刻牢记着小组活动的时限,而发问员则会不断提出这样的问题:"为什么这是一个令人满意的答案呢?"

学生总是应该扮演相同的角色吗?

教师和学生都会注意到这样一个现象,即同学们都较为适宜承担(或扮演)那些与他们的性格、能力(技能)相吻合的角色的任务,但是,在具体实施中,我们应尽量避免这种情况的出现。对学生个体而言,他们每个人都应有机会尝试承担(扮演)不同的任务(角色)。这与日常工作情境有所不同,在这一情境中,人们通常强调要又好又快地完成自己的工作,然而在教育情境中,虽然质量和速度仍应受到重视,但更重要的目标是让每一个学生个体都得到全方位的发展。

应当清楚地意识到,学生应该轮流承担(扮演)不同的任务(角色),每个人都应该有机会扮演各种不同的角色。为了做到这一点,教师和小组有必要对每个人曾经扮演过的角色进行记录。

小组的某一个成员在小组活动中有自己特定的角色(如检查员等)和任务,但这并不表示小组中的其他人就一定不能再承担这一角色的任何工作了,毕竟在小组活动中会出现这样的情况:谁来检查"检查员"是否真正把握了小组任务的实质呢?与此相仿,每一个学生在小组活动中都履行着特定的职责,但同时他们又以小组成员的身份参与小组的所有活动。当然,为了真正做到这些,需要花费一些时间来练习。

关于合作学习的一个普遍存在的错误认识是,人们总是将注意力集中在小组上。事实上,正如约翰逊兄弟(1998)指出的那样,我们应该关注每一个个体,关注小组是如何支持、促进每一个成员的发展的。事实也确实如此,即使一个小组在一起工作并完美地解答了一系列数学题,完成了一个非常出色的科学实验并上交了一份非常好的实验报告,我们也并不能据此认为小组工作就很好地完成了。只有当小组的每一个成员都能完美地完成任务(如解答数学题、写实验报告等)时,我们才能说这个小组非常杰出地完成了任务。当然了,小组中的每一个成员也许并不能做得如全小组一起努力所获得的结果那样好——就像我们说过的,"集体优于个人""三个臭皮匠,顶个诸葛亮"——但小组的每一个成员都应该能够对小组工作进行阐释,都应该能说明小组是如何工作的,都应该能按照自己过去的成绩和自己的目标明智地开展工作。

下面这个例子就是作者在参加一个计算机辅助合作学习研讨会时见到的情景。它清楚地表明,小组任务的完成并不意味着学习目标的达成。这个合作小组由三人组成,他们要完成的任务是制作一个PPT。其中,一个人擅长电脑维修,他的任务是在会议举行时维持电脑正常工作。另一个人擅长信息输入,因此他的任务是把小组的意见、观点输入电脑。第三个人是一个英语教师,他是当地仅有的三个能用英语交流的人之一,但是他对PPT和电脑设备不太在行。这个小组只用了很短的时间就做出了一个相当好的PPT作品,但是,如果我们从每个小组成员的技能、能力水平是否得到提高的角度来评估衡量的话,毫无疑问,这是一次令人悲哀的失败的学习。

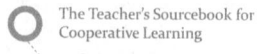

对那些母语非英语的学生来说,该怎么办?

在班级中,每一个学生对语言掌握的熟练程度上都有所不同,因为有些学生的母语不是英语,那么教师在分配角色时可以考虑让他们承担一些对语言要求不太高的任务,如计时员、资料管理员等。当这些学生的语言能力有所提高时,他们就可以逐渐承担一些对交流技能要求较高的任务了。教师要给这些学生提供一些重要的角色任务,激励、促进他们积极参与小组活动,同时也要鼓励他们发展自己的语言表达能力,鼓励他们和同学交流交往。

鼓励平等参与的方法

解决学生参与意识不高的其中一个方法就是,让他们自己意识到小组内缺乏平等参与这一问题。下面是两个能提高学生参与意识的具有游戏性质的方法。

谈话卡(Kagan,1994)

谈话卡(Talking Chips)是鼓励学生参与的一个极为有趣的方法。(见图6.1)

第一步:开始小组讨论时每人手中都有三张卡(或其他标记,如筹码等。这些标记可以用废弃的包装盒、硬纸片等做成,如只要把谷类食品的包装盒剪成一个个小四方形即可)。

第二步:每个学生在发言时必须先把手中的一张卡片放在桌上(或交

一张卡片给小组长)。

第三步：如果一个人用完了所有的三张卡片,那么,直到小组全体成员都用完了各人手中的卡片之前,他都不能再发言了。当然,他也不能用手势、动作等其他方式表明自己的见解。

第四步：如果大家手中的卡片都用完了,每人可以再得到三张卡片,讨论继续。

第五步：活动结束时,全组讨论一下每人在活动中表现出来的特点,如有的人(或大多数人)是不是很快就把三张卡片都用完了?有的人是不是当别人都发过言了他还一言未发?

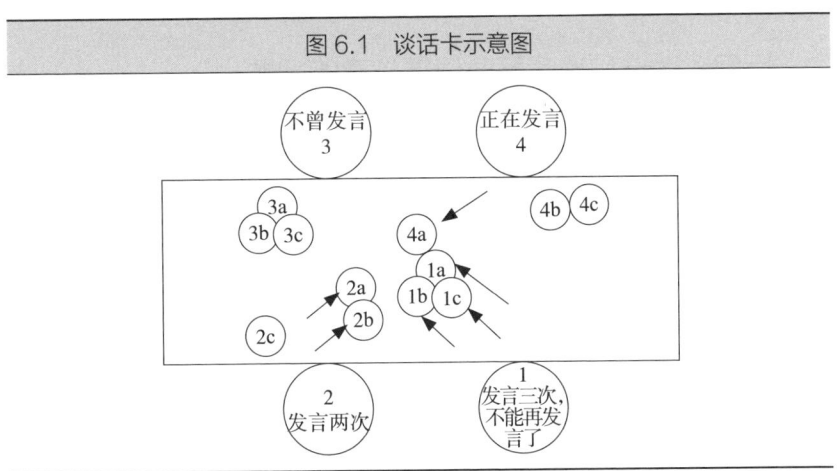

图 6.1 谈话卡示意图

谈话卡是鼓励平等参与的一种合作学习的方法。学生每发言一次便上交一张卡片。如果一个学生用完了所有的卡片,那么在全组成员用完所有卡片之前,除了提问题,他都不可以再发言。

谈话卡方法还有一种变式运用,即允许那些已经没有发言权的学生提出问题,以鼓励那些不擅言谈的同伴多多发言。

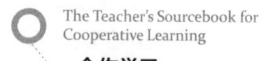

合作学习
实用技能、基本原则及常见问题

谈话网（Web of Talk）

第一步：每个小组发一个线团，第一个发言者把线绕一些在手指上，线团则握在手中，他发完言后，把线团传给下一个发言的人。

第二步：小组成员一个接一个发言、传线团，每个人在把线团传给下一个发言者时，都要把线绕一点在自己手指上。

第三步：如此讨论5分钟到10分钟后，停止小组讨论，检查一下由纱线组成的谈话网，看看是不是每个人手指上都绕有同样多的纱线，是否总有特定的成员喜欢在别人发言之前或之后进行发言。

运用谈话卡和谈话网时值得注意的问题

上述两种方法均可用于班级正在学习、研究的主题，但有一点必须记住，话题必须是学生感兴趣、有吸引力的。只有当每个人都对谈论的话题感到熟悉时，讨论才有助于真正做到平等参与。

无论是运用"谈话卡"还是"谈话网"，都必须计算每个人发言的时间。例如，实际操作中会出现这样的情况：某学生拿出一张卡片后滔滔不绝，讲了好几分钟，而另一个学生用完了所有三张卡片发言的总计时间也只有20秒。因此，在运用"谈话卡"时可以先定好每张卡片用来发言的时间上限和下限。

多重能力的任务

平等参与阐述只是小组公平这一大问题的一个方面。斯坦福大学的综合学习方案（详情见其官网资源）在这方面已进行了一些研究，研究人员已注意到了小组中的地位差异问题。学生之间的差异使得小组内那些聪明、开朗、活泼的学生总是去帮助那些木讷、少言寡语、成绩不佳的同伴。如果后者的学业成绩和种族、社会阶层等问题挂上钩，问题就会变得更麻烦。当然，这是一个错综复杂的问题，其影响远不只表现在学科成绩这一个方面。学生中的不同差异会以不同的方式在小组中表现出来。例如：

◇劣势学生在小组中少言寡语。
◇同伴对劣势学生不理不睬，轻视或低估他们为小组做出的贡献。
◇劣势学生在小组中不被关注，同伴视他们为小组的累赘。
◇同伴对劣势学生出言不逊，伤害他们的感情。

地位差异会妨碍小组所有成员的活动，它使有些人的意见不为其他人所尊重并接受，这样他们就无法在小组中发挥应有的作用了。

如何通过角色的任务来应对地位差异？

每当劣势学生进行领导能力方面的有效练习时，同伴应该注意他们的变化。同时，他们的自我感悟也很重要。例如，要求女生扮演领导者这一角色，有助于提高她们在平等参与小组中的威望。

就地位差异问题而言，综合学习方案的研究者们提出了多重能力（Multiple Ability）任务的观点。多元智能（Gardner, 1993）就是一个和多重能力相关的术语。多元智能的主要内容有：

The Teacher's Sourcebook for
Cooperative Learning

合作学习
实用技能、基本原则及常见问题

◇人的聪明才智有许多不同的表现方式，学习时需要运用多方面的能力。

◇人都是聪明的，只不过每个人聪明的方面不同而已。例如，有的人擅长绘画，而有的人则擅长表演。

◇课堂教学活动对人的聪明才智的利用是有限的，具体来说主要是只利用了言语和数理逻辑方面的智能。

◇运用多方面能力的学习任务使许多人都得到了学习的机会。在这种学习中，人人都既展示了自己的才能，又得到了他人的帮助。

多重能力的任务应具有如下特点：

◇解决问题的方法不止一种。
◇需要运用各种不同的技能和学习方法。
◇任务具有挑战性。
◇包含了现实中复杂的观点和技能。

多重能力任务的实例

比如让学生研究一般人的相互影响以及欧洲移民和土生土长的美国人的相互影响的种类。要解决这一问题，学生就必须参与一些能在其中相互学习的活动并在各个不同的方面表现出自己的特长。如：

◇听不同文化背景的人演唱或创作的歌曲。（音乐节奏感）
◇读懂住宅建筑图纸。（空间视觉能力）
◇阅读有关社会如何运作的第一手资料。（人际关系）
◇检查和使用日常生活中用过的物品。（运动知觉能力）

◇研究某一时期的植物和动物。(感知自然的能力)
◇把自己和某一时期的人进行比较。(内省能力)

为了展开这方面的工作,学生们可以运用多方面的能力,例如:

◇绘画。(空间视觉能力)
◇制作工艺品,进行一些表演(如短剧、滑稽剧等)。(运动知觉能力)
◇培植一些某一时期的植物。(感知自然的能力)
◇编写一份记载人们各种反应的分类账。(言语表达能力)
◇唱几首歌。(音乐节奏感)

如果我们不强调平等参与,那么上述这一有关移民问题的学习任务就必定只包含了查阅图书资料(现如今还增加了查阅网上资料)和撰写一份报告这两个方面的活动,即使采取了小组学习的方式,也必然是那一两个擅长阅读、写作的学生自始至终在小组中居于领导地位,并包办小组的活动任务。

通过开展多重能力的任务,我们会惊喜地发现,每一个人都在小组中帮助他人,并同时也得到他人的帮助。例如,一个学生歌唱得很好,另一个学生在绘画方面颇有天赋,而第三个学生则是班级中的语文尖子生,正如本章前面部分所提到的那样,学生在这些不同领域的特长将会使他们在完成任务的过程中更好地相互帮助,而不是各人自顾自。请记住,教师在帮助学生充分认识多重能力的任务的特点、鼓励学生帮助同伴发展多方面才能方面扮演着重要的角色。

许多合作学习技能(方法)除了强调运用言语、数理逻辑能力,还要求学生必须:

The Teacher's Sourcebook for Cooperative Learning

合作学习

实用技能、基本原则及常见问题

◇理解每个人都有自己擅长的领域，即使有些人在学校的表现并不那么尽如人意。

◇充分认识到，每个人都可以在某一方面有所发展。

◇明白不同的任务有不同的能力要求。

◇善于欣赏有各种不同能力的小组同伴。

◇明白完成小组任务的最佳途径是让小组的每一个成员都做出自己的贡献。

多重能力任务的提出有助于小组全体成员改变自己一贯的思维方式，如同巴洛什（1998）强调指出的那样，教师应当"学会发现学生们能够做什么，而不仅仅是去发现他们不能做什么"（p.53）。同样，每一个学生在小组学习中也应该对同伴持有与此完全一致的看法。

涉及多重能力的合作学习方法

让合作学习任务具有多重能力任务的特点有许多种途径。如同我们在本章开篇所提及的那样，因为合作学习任务是一个小组的任务，因此，学生就有可能在与同伴共同学习和相互理解的过程中运用自己的技能、形成自己的技能。下面介绍的就是三个使合作学习任务具有多重能力任务的特点的方法。

用音乐呈示学习结果（Jensen，1998）

音乐对学习的促进作用是多方面的。我们可以尝试通过歌曲来传递内容。

第一步：小组全体成员对教师、教材或其他教学资源介绍的术语、信息、原则、概念等进行集体讨论。

第二步：大家一致选定某一著名歌曲。这首歌曲可以是传统歌曲（如民歌），也可以是流行歌曲。

第三步：各组为本组选定的歌曲重新填词。填写的内容引自第一步中学习、讨论的术语、信息、原则、概念等。这样一来，第二步中选定的歌曲就成了一首"新"歌。

第四步：各组为其他小组（或为全班）演唱本组"创作"的新歌。

为鼓励全体学生都负起责任并积极参与这一活动，特提出如下建议供教师参考：

◇在第一步的小组讨论中运用"轮流发言"的方法。

◇小组的每一个成员都要为小组的新歌填数量相同的词。

◇每个人都要学会唱这首歌。

◇每个人都要为小组表演一次。这有点类似于"切块拼接法"（见第三章）中每人都必须承担某一任务。

在具体实施的过程中，我们可以用说唱、诗歌、反复而有节奏的短句等替代上述方法中的歌曲。

小组思维导图

布赞（Buzan, 1994）提出的小组思维导图（Group Mind Mapping）是一种极为流行的借助词语网、概念图来反映事物相互关系的方法。这一方法

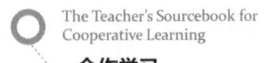

通过运用绘画、语词来反映概念之间的相互关系。可依照以下步骤应用小组思维导图：

第一步：各组在一张白纸中间写一个主要概念（可以是一个词，也可以是一幅画），以此作为小组讨论的中心议题。

第二步：小组的每一个成员轮流写一些与上述概念相关的语词或画一些与上述概念相关的图画。

第三步：每人继续轮流增添与主题相关的、反映自己见解的语词、图画。在写、画时，可使用不同的字号和色彩以使本组的思维导图更易理解和记忆。

第四步：每个人都向其他小组或向全班阐释本组的思维导图。

如果每一个人都能在小组思维导图的绘制过程中发挥自己的作用，那就说明做到了平等参与、责任到人。下面提出一些意见供教师们参考：

◇在把自己的观点和小组意见结合之前，每个人应当先完成自己的思维导图。

◇每个人都要对自己添加在思维导图上的那一部分内容负责。

◇每个人准备一支不同颜色的彩笔或蜡笔。在小组思维导图上，所有的颜色都应有一席之地。

◇小组全体成员对思维导图进行修改。在讨论如何修改时可运用"谈话卡"的方法。任何一个人每发言一次都必须拿出一张卡片，卡片用完的人不再有发言的机会，除非小组全体成员手中的卡片均已用完。

绘图 — 配对 — 变换

这一方法是第三章中提到的"思维 — 配对 — 分享"的变式。

第一步：在学习了课文中的某一内容、听了教师的某一讲解、看了某网页上的若干信息或参考了某些资料之后，小组的每一个成员都制作一幅图表来介绍其中的主要观点（这张图表在视觉表现上可以有多种形式）。

第二步：小组成员间两两配对，轮流向同伴介绍自己所绘制的图表中的内容和自己的想法，同伴则根据其介绍向他提出问题并给予反馈。或者也可以一开始就相互介绍自己所绘制的图表内容，然后再进行讨论。

第三步：每人根据同伴提出的问题、给予的反馈修改自己的图表。

第四步：将四人合作学习小组中两两配对的同伴进行交换，每人把自己先前同伴的图表内容和观点介绍给新配对的同伴。

下章要点

本章提出了教师如何促进合作学习小组平等参与的若干方法。我们所提出的培养学生平等参与的意见中包含了许多让学生在小组中工作的方法，例如"绘图 — 配对 — 变换"就提供了可以使用的操作程序。

还有一个能让小组活动更有效地进行的方式便是教会学生协同工作中需要的技能，如：寻求帮助、鼓励参与与注意倾听。因此，在下章中我们将为大家介绍一个至关重要的合作原则：合作技能。

第七章

合作技能原则
Principle: Collaborative Skills

[关键问题]	有必要教学生如何合作吗？
	合作技能是单独学好还是结合学科内容来学好？
	合作学习怎样才能帮助学生发展思维技能？

[本章介绍的合作学习技能]	☑ SUMMER	☑ 配对提问与回答
	☑ 讲述/阐释	☑ 讲述/重复
	☑ 讲述/扩展	

合作技能

如同科恩（1994）强调的那样，"认为每一个人都能如在大学一般懂得如何相互合作、协同工作是一个极大的错误"（p.39）。与他人协同工作的重要方面就是要有必备的与人合作的技能。下面列出的这些"合作技能"（Collaborative Skills）是学生应当具备的：

第一编
合作学习基础

◇请求原谅

◇请求给予反馈

◇请求给予帮助、说明、举例、解释和重复

◇核实别人的理解程度

◇折中、妥协

◇委婉地表明不同观点

◇鼓励他人参与

◇使小组的讨论主题聚焦于任务上,避免离题

◇说明理由

◇帮助小组控制时间

◇提出建议

◇说服别人

◇赞扬别人

◇榜样示范

◇冷静发言

◇陈述观点

◇轮流

◇致谢

◇使用幽默的方式帮助小组

◇和别人说话时要用尊称

◇耐心等待,不急躁

◇不随意打断别人

◇善于倾听

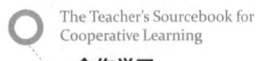

合作学习

实用技能、基本原则及常见问题

为什么要花时间教如何合作?

读到这儿,可能有的教师会说:"是的,我的学生需要掌握合作技能,他们有必要进行这方面的学习,但是我没有时间教他们。"确实,虽然大家都认为有必要教会学生合作的技能,但并非所有合作学习的方案都包含关于合作技能的明确指示。根据我们的经验,由学会了合作技能的学生组成的小组比那些由不会合作技能的学生组成的小组工作得好。从短期来看,我们花费了时间教学生学习合作技能;但从长期来看,学生因为掌握了这些技能而节省了很多时间。此外,当我们向学生解释为什么要运用合作学习的方式时,我们会清楚地告诉学生:"懂得如何与他人协同工作是一种必不可少的生活技能。"强调这一点是非常重要的。在这一章中,你会看到许多事例,这些事例会清楚地告诉人们,教师不需要脱离教学内容而单独地去教学生一些合作技能,因为学科内容和合作技能两方面的学习是很容易结合起来进行的。

如何教合作技能?

帮助学生学习和掌握合作技能的途径(方式、方法)有许多。对教师而言,一个重要的方法就是为学生做出明确的行为示范。例如,为了让学生学会委婉地表明不同观点,我们就应当举止优雅而委婉地向学生和其他人表明自己的不同见解,以身作则。

此外,一次最好只教一项技能。最好选择那些能让学生立即受益的、教师又可以对学生当前的技能、能力和合作技能的运用情况进行评估的技能来让学生学习。约翰逊兄弟(1998)曾就有关教会学生合作技能的问题提出过"六步学习法"。下面阐述的就是其中一些可行的步骤。

第一步：使学生认识到学会合作技能的重要性。

◇和学生谈谈教师自己运用合作技能的经验，这些经验可以是成功的经验，也可以是反面的教训。

◇请学生讲讲自己在课堂内外运用合作技能的体会和感受。

◇从故事、正在学习的资料以及日常生活的真实情景中选取一些相关资料，帮助学生体会学习合作技能的重要性。

◇创设情境，使学生感悟到合作技能的重要性。例如，教师可以给学生一些不甚清晰的指导，并要求学生按照这一指导去完成某一任务。毫无疑问，这样做的结果是，要么没有人能完成任务，要么就是到他人处寻求帮助以弄懂教师指导的含义。这样一来，学生从自身的实践中体会到"寻求帮助"是一项重要的合作技能，它具有重要的价值。

◇让学生根据自己在小组活动中的经历选择一些他们特别想学的技能。

第二步：帮助学生理解每一种合作技能。

例如，如果我们要求学生学习的技能是"注意倾听"，那么，我们可以制作一张图表（表7.1），通过这张表向学生描述当我们运用这一技能时，看起来会是什么样子（如手势、表情、姿势等），声音会如何（或常会用哪些词语）等。表格可以贴在教室的墙上，也可以画在班级的黑板报上。

表7.1 注意倾听

行为方面	言语方面
眼睛看着发言的人	"我明白。"
偶尔点头表示赞同	"有意思。"
……	……

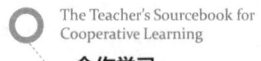

合作学习
实用技能、基本原则及常见问题

与上述方法相仿,学生也可以就某一特定情境学习一组特定的表达,"婉转质疑",这样的表达既可以表明自己不同意别人的见解,但又能尊重别人。这时,常用的表达包括:

◇ "这主意不错,但你是否考虑过……"
◇ "也许你是对的,但另一方面……"
◇ "很抱歉,我不这样认为。"
◇ "让我们考虑一下这主意的其他方面。"

阅读文学作品或看影视资料和实际示范一样,也有助于学生对合作技能的理解。

第三步:让学生脱离课堂或学科内容的学习去练习合作技能。

这一步骤的含义是,活动的目的就是为了练习某一合作技能,活动和师生目前从事的学科内容的学习没有关联。这一方式可以让学生实实在在地去练习某一合作技能。例如:

◇ 角色扮演。角色扮演可以是积极的、正面的合作范例,也可以是反面的例子。这些范例可以是曾经运用过的,也可以是不曾运用过的。
◇ 游戏。例如,如果我们正在练习提问技能,那么学生可以尝试提出20个问题。

第四步:结合课堂教学中学科内容的学习,指导学生练习合作技能。

当学生参加小组活动时,指导他们有意识地付出努力使某一技能具体化。为达到这一目的,可行的方法是让学生承担角色任务(见第六章),如检查员、挑刺员等等。这些角色任务分别包括了各种不同的合作技能。此外,也可以指导学生将"谈话卡"(见第六章)稍加改变予以运用,如每张"谈话卡"和某一特定的合作技能相连,如"鼓励他人参与"或"寻求帮助"。

第五步:指导学生讨论合作技能的运用情况(给学生提供反馈)。

在小组活动期间或小组活动之后,让学生花一些时间讨论一下他们正在学习或练习的合作技能的使用频率和运用情况。为了给讨论提供相关信息,每个小组可以设置一个观察员。观察员的任务是注意看小组成员运用合作技能的频率及他们在运用合作技能时是怎样说、怎样做的。成功讨论的关键是给学生以足够的时间并针对此次讨论向学生提出明确的要求。

教师也可以以观察员的身份在小组活动中发挥重要作用。教师在场对学生常常起着提醒的作用,促使他们运用技能;而教师不在时,学生很有可能会忘掉自己该在这次活动中练些什么。记住,开始时要求学生运用某一技能,他们可能会觉得不自然,但是当他们熟悉这些技能后,便能够很自然地加以运用了。

在讨论中,学生可以讲讲全组、小组同伴以及他们自己在合作技能的运用方面的表现,这样做其实就是对小组、同伴及自己的行为提供的反馈。年幼的孩子不善言辞表达,可以让他们用面部表情(如高兴或伤心)来表达他们对观察到的结果的评估,也可以用手势动作来表示,如跷起大拇指、大拇指朝下或者拇指跷起朝向旁边等等。此外,学生还可以通过评估表或调查表来对同伴及自己的合作技能运用情况提供反馈,如表7.2就是其中的一种方式方法。

表7.2 评估调查表
在检查他人理解方面我做得很好: 完全不同意_____ 不同意_____ 不确定_____ 同意_____ 完全同意_____ _____同学在检查他人理解方面做了_____。 我们组通过_____方式检查了大家的理解情况。

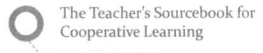

合作学习
实用技能、基本原则及常见问题

准确地说出某人说了什么、做了什么是一种较好的反馈方式,其作用要优于一般的评语。例如,比起说"你在赞同他人方面做得很好"不如这样说更有效:"我很喜欢你这样做,你在陈述自己的见解之前先弄清了别人发言的含义,然后才说出自己不赞同的理由。"

讨论中除了关注某一特定的合作技能,学生还应该讨论一下全组及每一个成员在活动中的作用,他们可以讨论一下哪些方面做得好,还有什么地方需要改进,以后可以在哪些合作行为方面更努力些。讨论应该在活动中进行,而不是活动后,这样做对小组活动而言是特别有效的,因为学生会立即把他们讨论过的东西付诸实践。

第六步:帮助学生坚持运用合作技能。

我们并不奢望学生能在很短时间内学会合作技能、领会合作技能的特殊价值并熟练运用。因此,我们应当坚持不懈地鼓励学生,让他们学会合作技能,并且自然而然地运用合作技能。以下途径可用来帮助学生坚持运用合作技能:

◇在教室里展示合作技能,如制作与合作技能有关的海报。
◇让学生汇报他们在课外运用合作技能的情况。
◇请家长予以配合。
◇请其他教师和学校中的行政人员一起来关注学生合作技能的培养。
◇全校学生在某一时间段内运用某一相同的技能。
◇在某一时间段内持续地练习某一技能。
◇在语文课上加强有关合作技能中涉及言语技能的练习。
◇请学生关注文学作品中展示的合作技能。

思维技能

合作技能和思维技能（Thinking Skills）至少在两方面有所重叠。首先，人的创造性思维只有在一种自由的、放松的、无威胁的情境中才能展开。许多合作学习技能，如赞扬别人、婉转地拒绝和注意倾听等都可以促进这种情境的形成。在这样的环境氛围中，学生会乐于表达自己的见解并勇于实践自己的主张。同时，在这种氛围中，学生的思维极易受到他人的启发而得以充分发展，而不是试图驳斥别人的观点。

思维技能和合作技能有所重叠的第二个表现是，许多思维技能是基于合作技能之上的。例如，给出理由、提供实例、概括总结等等，这一切既可以表现出个体的合作技能，同时又是个体思维水平的展示。这也是合作学习之所以具有吸引力，并且小组要为此下功夫的原因所在。是的，合作学习有助于学生记住事实和公式，合作学习也有助于学生与他人分享信息并在测验中获得更好的成绩。但是，合作学习的真正优势不仅仅如此。它使我们清楚地看到，通过合作，学生形成了一种新认识，这种认识是小组中的任何一个成员个体所无法独自形成的。从这一角度出发，我们可以认为，合作促进和鼓舞着小组，使小组的整体思维水平高于小组中实力最强的人。

运用合作学习促进思维技能

有许多方法可以把合作学习和促进个体的思维技能这两方面结合起来。例如，有研究者建议，借助可视化组织者促进思维。可视化组织者的类型是多种多样的，如思维导图（mind maps）、维恩图（Venn diagrams）、词语网（word weds）及其他许多种类的表格和图形，如赞成和反对图，用图表

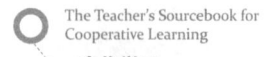

合作学习

实用技能、基本原则及常见问题

的方式分别列出赞同（或有利）的意见和反对（或批评）的意见。这些可视化组织者可以运用在小组活动中，成为小组活动的有机组成部分。

为帮助学生提高思维水平，我们必须考虑如何使他们进行有条有理、有组织的相互作用、相互影响，我们必须考虑他们已有的技能水平，例如，当我们要求学生向其他人解释、说明什么时，是采用"出声想"的方式还是运用"头脑风暴"？学生的技能水平能确保他们完成这样的任务吗？

鼓励合作的方法

SUMMER

鼓励学生进行协同思维的一个方法是 SUMMER。所谓 SUMMER 指的是：放松心情（Set the mood）、默读理解（Understand by reading silently）、把握关键（Mention key ideas）、相互检查（Monitor）、详细说明（Elaborate）、复习回顾（Review）。这一方法是根据得克萨斯基督教大学的哈柴克等人（Hythecker, Dansereau, & Rocklin, 1988）提出的方法稍加改编而形成的。以下就是这一方法的实施步骤：

放松心情：学生两两配对，有意识地放松自己，可以随意地聊聊天，也可以明确一下他们接下来要做的事情。

默读理解：把一篇文章（或是书本上的一部分）分成几部分（可以由教师来分，也可以由学生根据章节来分），每个学生都默读课文的第一部分。

把握关键：脱离课本，两人小组中的一人充当回忆者，概括出上述学习内容的要点和关键，有不懂的地方及时提出。

相互检查：两人小组中的另一人担任检测员。看着课本，指出回忆者概括中的差错(如遗漏),提醒他舍弃一些无关紧要的信息。对回忆者做得好的地方及时予以夸奖。在第二部分的学习中,回忆者和检测员的角色相互调换。

详细说明:相互配对的两个学生协同一致,详细列出他们对上述学习内容的看法。详细说明的内容可以包括以下几个方面:

—— 和学生以往学习、研究过的其他内容联系起来。

—— 把学到的课文内容和学生的生活联系起来。

—— 课文中不包含但与之有关的一些有意义的事情。

—— 赞同或反对的观点。

—— 对学习内容的反应,如惊奇、喜欢、愤怒等。

—— 课文内容的运用。

—— 提出不懂的问题或阅读学习课文后自己思维的闪光点。

(注意,上述各点并不一定在每一次的"详细说明"步骤中都要全部包括、缺一不可。但理解、复述、检查、详细说明的各个步骤是每一次学习时都不可缺少的。)

复习回顾:两个伙伴把各自的观点结合起来,对课文的全部内容进行概括总结。

很显然,SUMMER包括了诸多的思维技能。尽管有些学生在非学术领域已有了令人赞叹的使用这些技能的水平,我们也并不奢望所有的学生能马上掌握这些技能。在期望学生有效地运用SUMMER之前,教师必须为学生提供指导。而且,教师必须注意课文不能过于困难,因为学生是不可能对他们难以理解的课文进行概括和进行详细的说明的。

以下是一位高中教师运用SUMMER的经验和体会:

我的做法是先让学生配对,并且在配对过程中尽量保证其中一个学生的能力强于另一个学生,然后向学生说明和解释 SUMMER 的各个步骤,并让他们开始学习任务。首先,我把课文分成了四个部分。放松心情这一步基本没什么问题。事实上,在这一环节中我甚至不得不进行一些检查,因为学生们表现得太放松了,他们有的甚至在谈论午饭该去吃些什么!

当我们开始进入默读理解、把握关键、相互检查和详细说明这四个步骤时,我注意到一些成绩差的学生有些不安,他们在理解课文内容和向比自己强的同伴进行说明、解释时感到有压力。但随着学习过程的不断展开,他们意识到那些成绩好的同伴在担任检测员时会帮助他们。详细说明这一步的情况也表明,成绩差的学生会感到压力和不安,但是,我告诉他们,这一步是两人轮流进行的,不是由一个人来完成的,某一部分内容由这个人来详细说明,另一部分内容则由另一个人来说明,如此等等。这样一来,他们的压力似乎有所减轻,同时,成绩好的学生也无法包办整个讨论。

配对提问与回答(Johnson & Johnson,1991)

学生自己提出问题并予以回答(Question-and-Answer Pairs,见图 7.1),然后在第二步予以比较。

第一步:配对双方各自把问题写在纸上。这些问题可以是各种类型的,包括复习中的问题、已经学过的有关学科内容的问题。这是一个帮助学生学会如何提出问题的好机会。学生各自写下对这些问题的回答,然后两人交换各自的问题并回答对方的问题,注意答案不要给对方。

第二步:两人比较各自对问题的回答。比较的内容包括陈述之所以如此回答的依据。这种配对讨论(见第四章)所得出的结论常常比最初的回答更好。理由很简单:两个脑袋比一个脑袋更聪明。

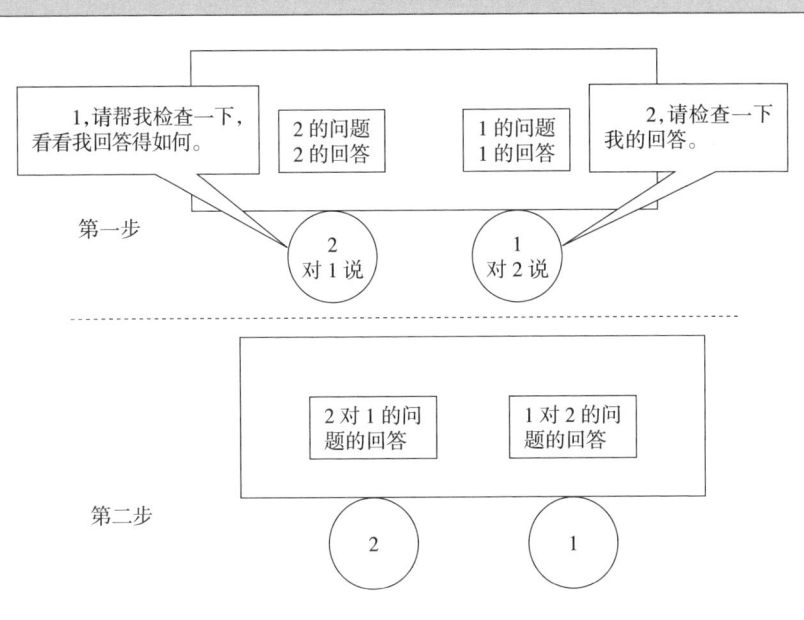

图 7.1 配对提问与回答示意图

配对提问与回答帮助学生学会如何提出问题。在第一步中,学生先写下自己的问题,然后写一个答案,之后和同伴交换各自的问题,但不提供答案,随后分别作答。第二步则是学生通过互相比对答案的方式来得出一个比自己先前写的更好的答案。

配对提问与回答的一种变式是,两两配对的同伴用相同的方式一起工作。首先,两人各自准备好一些问题并写下对这些问题的解答。为了鼓励责任到人和平等参与,每一个配对成员在向同伴呈示自己的问题前,一定要先写出自己对问题的回答。接着,两人共同挑出最好的问题和答案。第二步,两人交换问题并对对方的问题进行回答。最后,双方比较各自对同一问题的回答有何不同。

有意思的是,有时有的学生会采用交换各自的答案,然后猜测对方的问题是什么的方式来开展合作学习。这是一种有趣的游戏。

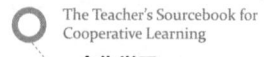

合作学习
实用技能、基本原则及常见问题

讲述/阐释（Mid-Atlantic Association for Cooperation in Education, 1998）

当本书作者就"最希望学生掌握的合作技能是什么"向一些教师征询时，许多教师提及的是"注意倾听"。讲述/阐释（Tell/Rephrase）就是一种建立在倾听基础上的合作技能。

第一步：两两配对中的一人就正在学习的材料进行陈述。例如，"画家试图通过在画上添加阴影的方式使整幅画看起来更清冷、萧瑟"。

第二步：另一人尝试对同伴的陈述进行解释说明，并力图对他陈述的问题有所回答。例如，"阴影使整幅画看起来更暗、更黑。我觉得怪有趣的。艺术家总是喜欢把太阳'藏'起来，他的目的不是表明要天黑了，而是要用阴影来表达一种心境"。

第三步：配对同伴以陈述 — 阐释 — 陈述 — 阐释的方式继续合作活动，如此持续几分钟，当学生的讨论内容开始偏离话题时就意味着小组活动结束的时候到了。

第四步：教师随机抽取一些学生，请他们向全班同学说说他们的同伴都说了些什么，他们自己又说了些什么。

学生可以检查一下自己同伴阐释的准确性，如果阐释得不准确，那么原因只可能有两方面，要么是阐释者没注意听，要么是讲述者陈述得不仔细，陈述缺乏条理性。阐释得好坏和个体概括技能的高低是密切相关的。

实际上，讲述/阐释的一种变式可称之为讲述/概括。

讲述/重复（Mid-Atlantic Association for Cooperation in Education, 1998）

这是与讲述/阐释相类似的一种方法。在这种方法中，我们希望学生能对同伴的陈述加以复述，并用它来取代讲述/阐释方法中的"阐释"环节。这种方法会使那些成绩不太优异的学生感到学习更容易了。讲述/阐释和讲述/重复法除了有利于鼓励学生注意倾听和清晰讲述，还有利于他们学会婉转拒绝这一合作技能。之所以这样说，是因为一个人如果一开始就能表现出在认真地听别人发言，那么，与那些不注意倾听却只等着机会发言的人相比，我们更愿意接受一个善于倾听的人的反对意见。

讲述/扩展（Mid-Atlantic Association for Cooperation in Education, 1998）

这一方法有助于学生发散思维的形成和发展。

第一步：两两配对中的一个人先提出一个观点或主题。

第二步：另一人就前者所说的内容或主题做出陈述。

第三步：两个人轮流就同伴所说的内容进行扩展。

第四步：教师随机抽取一些学生上台来，请他们向全班同学说说他们在扩展的过程中都讲了些什么，让全班同学和他们一起分享结果。

以下是讲述/扩展的应用实例：

语言

学生1：《夏洛的网》

学生2：蜘蛛

学生1：《蜘蛛奋力爬水管》（儿歌）

学生2：《玛丽有只小羊羔》（另一首儿歌）

等等。

数学

学生1：2+2=4

学生2：4−3=1

学生1：1×17=17

等等。

科学

学生1：铅比水的密度大。

学生2：蜂蜜比水有黏性。

学生1：蜂蜜比牛奶甜。

等等。

社会

学生1：社区要充分利用可用的资源。

学生2：水是一种重要的资源。水供给量的大小取决于雨雪量的大小。

学生1：气候状况会影响人类文明的发展。

更多的变式

和第三章中提到的"思维 — 配对 — 分享"相似，我们也可以创设许多以"讲述"开始的"讲述/____"方法，这类方法有：

讲述/反对：2号同学不同意1号同学的陈述。

讲述/举例：2号同学就1号同学所讲的内容举例。

讲述/概括：2号同学就1号同学所讲的内容进行更具概括性的陈

述。例如,如果 1 号同学说,"昨天,我种了一棵橡树",2 号同学就可以说,"昨天你种了一棵树",然后 1 号同学回应说"我昨天种了一株木本植物",如此等等。

> **下章要点**
>
> 了解和运用各种不同的合作技能有助于学生形成充满活力的、能顺利达成目标的合作小组。这种小组改变了以往由教师唱独角戏的教学状况,而由学生来扮演不同的角色。但是,学生怎样才能适应这些角色?教师在合作学习中角色的转变意味着什么呢?这就是我们在第八章中要讨论的问题:小组自治原则。

第八章

小组自治原则

Principle: Group Autonomy

[关键问题]	怎样帮助学生使他们更为独立？
	当学生在合作学习小组中学习时,作为教师,该如何参与其中？
	当学生已具有相当的自治能力时,教师该扮演一个什么样的角色？
[本章介绍的合作学习技能]	☑ 小组研究　　　　☑ 配对写

小组自治

自治被德西和赖安（1985）喻为人的"第三需要"。这也是本章要探讨的焦点问题。自治常被人们视为合作的对立面，然而，我们不应该仅仅将其视为人的一种生存状态，而应更多地将它看成是个体对自身的管理。合作学习活动给了学生许多自我管理的权利，如同科恩（1994）指出的那样：小组活动使教师的角色有了显而易见的变化——教师不再是学生的直接管理者。当教师直接指导学生学习时，他不再是确保他们

第一编
合作学习基础

学习成效的唯一负责人。教师的职责不再是关注学生学习中的每一个错误并立即予以指正。相反，这一职责由学生和学生小组自行承担。学生的变化在于，他们必须确保完成任务并给同伴以必需的帮助。在小组活动中，允许学生犯错误，允许他们寻找产生错误的原因。(p.103)

由此可见，无论小组什么时候遇到了困难，我们都不要急于为他们提供"救援"，相反，教师应该精心创设问题情境，以使学生能更好地自我管理，这就是我们所说的"小组自治"的确切含义。第一章中提及的"团队先于教师"（TTT）技术体现的就是合作学习中的自治思想。

本章提及的许多合作学习小组活动具有鲜明的自治色彩。也许有些教师会觉得自己的学生还没有能力这样做，因为他们才刚刚开始学习合作。是的，学生和教师都需要时间以形成和发展生生互动的合作习惯与合作技能。如果你觉得你的学生还没有为"小组自治"活动做好准备，请记住本章中的观点以帮助你的学生，使他们逐渐成为一个自主自治的人。

那么，有多少教师会这样做呢？

在许多课堂中，小组自治是不被提倡的，教师常常会不断地监视学生以检查他们对学科内容和学习任务的理解。在合作学习的课堂中，教师也会持续地对学生进行监管，但他们检查的是哪些小组和小组的哪些成员发挥了积极的作用、进行了有效的学习。当学生遇到迷惑不解的问题或偏离了学习目标时，教师应当予以适度的干预。一般而言我们可以尝试这样做：

◇ 提出问题以激发全组学生的思维。

◇ 对已完成的工作提出反馈，并就后续的学习向他们提供建议。（参见第十一章）

◇ 鼓励学生运用特定的合作技能。（参见第七章）

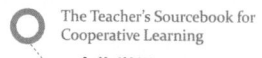

The Teacher's Sourcebook for
Cooperative Learning

合作学习
实用技能、基本原则及常见问题

◇有针对性地处理问题，例如，对低水平的学生提出特定的要求，对他们已做的工作予以夸赞。（参见第六章）

◇对小组活动予以评估，例如，小组是如何工作的，他们已取得了多大的成绩。

◇鼓励学生反思和评估他们已经完成的工作。

促进自治

任何一种合作学习活动都不会使学生拥有和教师同样的权利，以"轮流发言"为例（见第四章），活动的主题、活动的时间以及学生回答正确与否等，都是由教师提出的。因此，尽管在这样的情景中，学生的自主权较之教师中心的学习方式要多一些（在教师中心的学习情景下，教师每次请一个学生发言，而在"轮流发言"中，小组的每一个成员必须依次发言），但总的来说，他们的自主权还不明显。

在决定学生究竟该有多大权利的问题上，作为教育者，我们有必要认真地思考一下教育的目的。许多教师会列出一系列的教育目的，如帮助学生成为终身学习者，鼓励学生以使他们成为具有民主精神的人，等等。但如果我们总是批评指责学生，总是由教师来决定一切（"学什么""如何学"），那么，这些目标的达成是难以想象的。当我们通过为学生提供读、写、算等学习机会，当我们致力于培养学生的知识素养时，我们也应该依照学生的兴趣爱好，视他们为民主社会中的一个积极的成员，为他们提供机会，使他们成为终身学习者和活跃的公民。

有人担心小组活动会使教学由教师控制变为由小组同伴控制，并最终导致小组思维单调。这有违合作学习的初衷。如同我们在第六章平等参与原则中所说的那样，小组追求的目标是使小组中的每一个成员都有所发展,而不是只产出某一"产品"。与此相同,责任到人原则(第四章)意在鼓励每一个学生个体在充分理解小组正在做什么以及如何做的基础上为小组做出自己的独特贡献,而不是对小组活动持一种无所谓的态度。这一切都与前文提及的民主社会中的学习者的概念相吻合。

如果我们试图给学生更多的权利去培养他们的自主意识,那么,我们首先就必须相信,学生是能够和同伴在一起相互合作、共同学习的。当我们发现学习小组产生问题时,我们常想介入其中予以干预,学生也常盼望教师如此。教师必须学会抵御这种诱惑。教师应以自己的行为使学生明白,我们信任小组的力量,我们不怕并允许小组失败,相信通过总结、反思,学生能从失败中学会学习并日益自信。此外,学生中的冲突也不一定是坏事。记住这点很重要:冲突有时是好事,它能使学生的思维更有深度。

脚手架

学生准备得如何,在合作学习活动中起着重要的作用。"脚手架"为小组活动的成功创造了机会。创建脚手架的要点如下:

◇在进入新内容的学习时,先教授与之相关的技能与知识。由此,学习内容就会有所重叠,学生会感到自己有能力、有信心,这也有利于他们继续保持高水平的学习。

◇当学生进行活动任务时为其提供相关支持。

◇准备与活动任务相关的概念、信息和方法技术。

◇提供与之相似的已完成的任务的案例。

◇向学生示范如何执行任务。

◇提供鼓励。

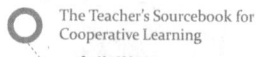

合作学习

实用技能、基本原则及常见问题

◇教授合作技能。

◇提醒学生有可以利用的资源,如参考书、电子学习用具等。

语文课上运用"脚手架"的一个实例

下面的例子是雅各布斯 2001 年 4 月 23 日在新加坡淡马锡小学听课时记录下来的,执教的教师名叫路易莎·梁(Louisa Leong),她是一位一年级学生的教师。例子表明她运用了"脚手架"的各种不同类型。

学生运用"思考—配对—方阵"(见第三章)的方法讨论他们是否喜欢游泳、喜欢的理由是什么。刚开始时,梁老师打算以"轮流发言"的方法来讨论有关游泳的问题。首先,她和一个学生示范了这一方法。在示范过程中,她向学生展示如果同伴在表述自己观点时有困难该如何予以提示。通过这一途径,她为学生提供了一个运用合作技能的例子。接着,她请了一对同伴以"衣服"为题向大家示范"轮流发言",然后,梁老师还介入其间向学生展示了如何给同伴提供帮助。示范两次之后,小组开始"轮流发言"。活动期间,教师为学生提供了许多帮助,如展示了一幅游泳池场景的图片,以此帮助学生使他们能联想与之相关的词语。

在"轮流发言"活动过程中,学生说了很多和游泳有关的词,梁老师在黑板上写下了这些词,同时还增添了一些孩子没想到而她认为在即将开始的"思考—配对—方阵"任务中要用的词。接着,她请一个名叫阿依莎的学生说说自己是否喜欢游泳以及缘由。梁老师在黑板上写下了阿依莎的回答,并帮助同学们建立了一个回答类似问题的模式。如:

我喜欢_____,因为_____。

我不喜欢_____,因为_____。

在"思考 — 配对 — 方阵"活动期间,类似的帮助随处可见。

如何为学生提供脚手架是一种教学的艺术。刚开始进行小组活动时,有的学生也许会对小组活动持一种怀疑的态度,有的学生也许会缺乏一些最基本的合作技能,还有的甚至可能会认为这太容易了,根本就不值得一试。所以,教师应该确立这样的观念,那就是我们必须在小组活动初期就为学生提供强有力的支持,以使小组活动更具吸引力。注意,最初的活动难度不要太大,这将有助于增强学生的自信,如同第二章所说的那样,我们追求的是成功。

承担角色任务(见第六章)意味着让学生在课堂学习中承担更多的职责。当学生承担发问员、声控员、检查员等角色的职责时,他们所做的其实正是课堂上教师所做的工作。

当学生学会自治时,教师的角色是什么?

现在我们已经帮助学生成为一个有相当自治能力的人了,教师是不是从此就变得可有可无、无足轻重了呢?取而代之的是计算机吗?教师将被学生所取代吗?答案是否定的。虽然合作学习中学生承担了一些以往教师的角色任务,同时也从事了一些其他的工作,如评估同学的工作成绩(见第九章),但是,在合作学习的课堂中,教师在以下方面仍是不可替代的:

◇ 作为一个具有合作精神的典范。
◇ 通过贯彻本书之前的章节中描述的各种方法,围绕合作做准备。
◇ 为学科内容的学习提供前后联系。
◇ 帮助学生理解和辨明学习任务。

The Teacher's Sourcebook for
Cooperative Learning

合作学习
实用技能、基本原则及常见问题

◇检查学生是否掌握足够的知识和技能来完成活动任务，或者是否需要有更多的知识和技能方面的资料。
◇观察学生间相互影响的情况。
◇为个别有困难的学生和小组提供帮助。
◇规定讨论的时间。
◇把在活动中学到的东西和未来将要学习的内容综合起来。

教育常被归入"帮助他人"的专业，所以，许多教师总是带有强烈的"助人"欲望，他们经常希望马上去帮助那些有困难的学生，而不考虑这些困难是与理解概念有关还是与完成任务有关，甚至是与和同伴协同工作有关。如同迪顺和欧里维（1998）所指出的那样，"我们总是不给学生从失败中学习和与同伴相互学习的机会。此外，作为教师，我们常使自己处于一种超负荷运载的状态。这使我们恼怒，也感到自己似乎快要被燃尽了"。

观察学生个体和学习小组

观察是教学的中心。教学中需要观察学生目前对知识的掌握水平并调整教学以帮助他们达到更高一级的水平。包含了合作学习的课堂观察主要集中在两个方面：学生学到了什么程度；小组作用发挥得如何。其中第二个方面和我们第七章中提及的六步学习法中的第五步相关。观察时，我们应强调学生做得好的地方，而不仅仅只关注他们的不足之处。

表8.1是一个观察指导的样例，这一样例假设了一节科学课的课堂上，学生正在研究某一生长期的植物，小组以"切块拼接法"（见第三章）进行学习。教师既可以用它来记录观察到的学生个体的学习状况，也可以用它记下他们对小组的贡献。与之相似的指导也可以用于对其他学科的观察。

表8.1 合作学习观察表

日期:	教学内容:植物	合作方法:切块拼接法
小组:彩虹组	学科内容方面	小组活动方面
Ron P.	得到的最多	给同伴很多支持和帮助
Yasuo M.	善于抓住关键	活跃过头,给人以坐不住的感觉
Paula S.	需要更多的时间	很合群
Kim L.	需要复习	乐于助人
Paul C.	准备改进	总想和成员交流接触,但有些讨人嫌

用拍字簿记录观察结果

另一种快速记下学生个体和合作小组学习状况的方法是拿一个带夹子的板,上面分别夹有两个小拍字簿,一个是黄色的,一个是蓝色的。当我们观察到学生个体的学习情况时,就把有关内容记在蓝色拍字簿上;当我们观察到小组的学习情况时,就将有关内容记在黄色拍字簿上。我们还可以随时写下对小组的评语。随后,我们可以把记有学生个体情况的纸放入文件夹中,使之成为学生个人的学习"档案"。

通过提问影响学生

教师介入学生小组活动的次数要少并要注意方式方法。一种可行的方式是向小组中的学生提出问题。好的提问能使学生关注学习任务或在

The Teacher's Sourcebook for Cooperative Learning

合作学习
实用技能、基本原则及常见问题

他们开"无轨电车"的情况下使他们回到学习主题上来。有效的提问包括以下几点：

◇ 你是怎样得出这个答案的呢？（阐述过程）
◇ 你确信那是正确的吗？（予以证实、认可）
◇ 你的证据是什么？（给出理由）
◇ 还有其他的可能性吗？（寻求更多选择）
◇ 你为什么要用那种方法做？（辨明缘由）
◇ 你用的合作技能是我们正在关注的、学习的吗？（小组执行情况）
◇ 你觉得自己做得如何？（自我检查）

于是学生就能学会将这些提问与同伴的交流结合起来。教师也可以将那些特别有用的问题贴在墙上以便日后参考。除了提问，表扬学生也是一种很好的对学生施加影响的方法。明确的赞扬能突出小组的学习过程，强调学生的努力结果。

结束讨论

因为时间有限，我们常常没法把时间花在结束环节上，但合作学习中的活动方式却包含有结束环节。在以学生为中心的合作学习中，"结束"尽管也可以由教师来完成，但通常检查（或复述）学习要点这一过程并不由教师实施。在合作学习的课堂中，结束的最好方式是请学生相互分享各自的学习结果。第三章中的"书写 — 配对 — 分享"就是其中的方法之一。

第一步：两两配对中的每一名学生在纸上用 2—5 个词语（观点、见解）概括出他们已学过的内容，提出他们自认为尚存的一个问题。

第二步：两个同伴相互比较各自写的主要内容和问题，试着阐释和说明主要内容，并尝试回答对方的问题。

第三步：教师随机请一些学生分享他们与同伴讨论的结果。

项目学习

小组研究（Sharan & Sharan,1992）

提高学生自治能力的另一个方法是请班级中能力较强、学习成绩较好的学生介绍自己的学习情况及学习方法。如同下面表述的那样，小组研究（Group Investigation）使学生有了从正在执行的学习项目中充分参与计划、发表意见的机会（当学生有了经验之后，要做到这点非常容易）。让学生参与并发表意见有助于我们更好地理解合作学习是如何运作的。正由于此，小组研究不但很适合用在"教合作技能"过程中的第五步（见第七章），同时它也有助于我们理解在课堂讨论中，小组是如何发挥其功能的。

小组研究技术是由夏朗夫妇（1992）开发的，它主要涉及项目学习中学生的共同活动。在小组研究中，课堂是由多个小组来共同发挥功能的。

第一步：全班学生从事同一主题的学习，如污染问题。每一个小组研究污染问题的一个方面或他们所在社区某一特定地点的污染情况。

第二步：学生按教师分派的异质小组开展工作，或者也可以按共同感兴趣的副主题组成小组开展工作。

第三步：每个小组决定他们将如何进行研究，把任务分派到人并完成任务。

第四步：每个小组向全班阐释、说明他们的研究结果。

第五步：用各种不同的方式对小组活动予以评估，如可以由其他小组、其他同学评估，也可以由教师评估或开展自我评估（见第九章）。

配对写（改编自 Johnson & Johnson，1986）

项目学习也常涉及书写。借助书写，合作学习为同伴间的相互帮助提供了一种新的途径。此外，在相同的时间里配对写（Paired Writing，见图8.1）还有助于培养和形成学生的责任意识，体现了合作学习所倡导的"责任到人"的精神。

第一步：学生自己选（或由教师指定）要写的主题或体裁，如一个报告或一篇记叙文。每一个学生都要创作出自己的东西。

第二步：两两配对的同伴轮流向同伴说明自己准备写的内容。通过"头脑风暴"、提问和提建议等方式，每人把自己的观点、想法提供给对方。

第三步：每一个学生就各自的题目内容单独研究，如果有与同伴的题目内容相关的想法、观点，要及时和同伴分享。

第四步：每人写一个提纲，同伴为之提供反馈，在此基础上，每人写出文章的初稿。

第五步：同伴间相互就初稿提出赞同或不赞同的反馈意见，但意见只集中在写作内容上，不涉及写作质量问题，在此基础上写出第二稿。

第六步：经过"初稿—反馈—第二稿"的反复过程，当文章的内容已大致完成时，反馈就集中在写作的质量问题上，如语法、标点符号及其段落安排是否得当等。

第七步：在完成的文章上署上自己和同伴的名字，自己是作者，同伴是编辑。

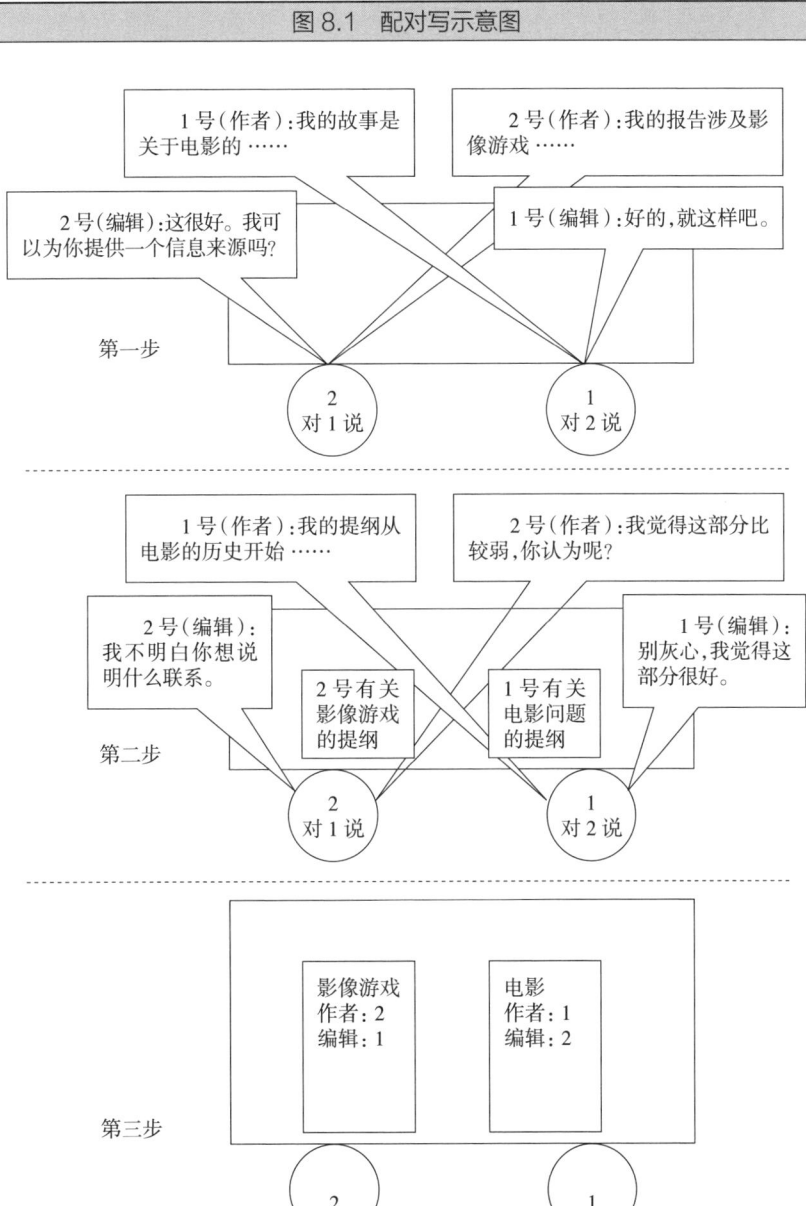

图 8.1 配对写示意图

合作学习

实用技能、基本原则及常见问题

在配对写中,同伴间互相成为作者和编辑。第一步,两两配对的同伴轮流告诉对方自己要写的内容(作为作者)并且为同伴的内容提出问题、提供建议(作为编辑)。之后各自写下大纲并得出初稿。第二步,同伴间相互就初稿提出赞同或不赞同的反馈意见,多次反复"初稿—反馈—第二稿"这一过程。第三步,在完成的文章上署上自己和同伴的名字,自己是作者,同伴是编辑。

为学生发展小组自治能力创造条件

服务性学习

服务性学习并不是一种合作学习的方法,但它为合作学习和项目学习提供了良好的情境。我们认为,正是由于服务性学习,基于课堂合作小组之上的合作价值原则的内涵(见第一章)才有了新的扩展。

不论学生的年龄如何,为他人服务都不是一个新概念,可由学生提供的服务包括了很多方面:打扫公园的卫生、拜访老人、照顾年幼的儿童、帮助照料病人和智力有缺陷的人等等。但服务性学习具有其独特的含义,它是一种基于课程学习的服务性活动,在这种活动中,服务和课程、学生的课业学习活动紧密相连。换句话说,服务性学习中的"服务"一词,使服务与学生的常规学习结合起来了。"服务性学习"常用在学生共同学习的活动之中。例如,在一个项目学习的过程中,学生能依下列各种途径从各个方面进行合作。

◇ 研究那些需要用到服务的学习内容。
◇ 决定哪种类型的服务最有效。
◇ 确认和探究服务工作和课程之间的关系。

◇为小组成员排定时间,每人轮流担任不同的角色。

◇与社区有关机构或企业进行联系。

◇请求父母给予支持。

◇为提高服务的有效性及明确其达成目标的最佳途径(方式),对提供的服务进行评估。

◇讨论在社会实践中学到了什么。

◇为学生已经做过、学过的事提供信息,这些信息包括:和社区同伴保持联系、向他们表示感谢、让他们知道学生从项目学习中学到了什么。

课外学科合作

提到合作学习,许多人想到的就是课堂上学生以小组为单位共同学习。其实,合作学习完全可以不受课堂的限制而延伸、扩展到课外。开展小组研究时,我们就经常让学生走出课堂,对他们自己设计的方案进行研究。在配对写活动中,学生也可以通过发邮件的方式交流草稿、相互提供反馈。项目学习中的服务性学习更是让学生在课堂学习的范围之外帮助别人。在课外运动比赛、俱乐部活动和课外学习活动中,学生一直都在进行着合作,许多大学的图书馆中甚至还为小组研究设立了专用房间。

如果课内的合作学习能为学生提供益处,那么课外的学术合作能带来收获这一事实也就能讲得通了。然而,课外的合作学习同时也带来了新的挑战。因为,教师无法出现在小组周围对他们进行监管。

我们应如何鼓励课外合作活动并提高合作的有效性呢?这里列出了一些小小的建议。

◇为学生提供通过课外学习途径掌握概念和技能的机会。

◇ 向学生解释、说明课堂学习和课外活动的关系。

◇ 给学生布置一些需要在课外进行合作才能完成的任务。

◇ 为学生提供或建议他们去一些可进行课外学习、研究的场所,可以是学校或是别的一些场所。

◇ 确保这些场所的安全性并教他们急救知识。

◇ 帮助学生发展课外合作学习所需要的合作技能。

◇ 发挥家长的作用,促进合作。

◇ 在课堂教学中了解学生的课外合作情况并使之与后续学习相联系。

◇ 组织学生就课外学到了什么及如何学习等问题展开讨论。

放手与联动

科恩(1994)将教师在合作学习中的作用概括为"放手与联动"。有关放手并让学生承担起更多责任的问题,我们已经有所讨论。至于"联动",其含义就是教师和其他人(如家长志愿者或教师助手等)协同工作,以更好地开展合作学习。("教师 — 教师合作"见第十六章)

下章要点

到第八章为止,我们结束了对合作学习原则及其在课堂中运用的介绍。但是,在我们进入第二编"合作学习实施的常见问题"的讨论之前,还有一个很重要的问题有待研究,那就是第九章要讨论的主题 —— 合作学习评估。

第九章

合作学习评估
Assessment in Cooperative Learning

[关键问题]

如何评估合作小组中的学习？

怎样评定学生学习的等级？应该给同组的学生同样的成绩吗？

怎样才能参与到学生的自我评估和相互评估之中？

怎样评估学生合作的成效？

评估的作用

评估在教育中有着极其重要的作用。在开展了合作学习的课堂中，评估同样起着举足轻重的作用。当然，学生在小组活动中所做的每一件事并不都是能轻而易举地被评估的。例如，衡量学生的学习动机就很困难，对一个人的学习动机进行评估就如同评估一个人是不是一个终身学习者一样，是一件异常困难的事情。不考虑这些困难，对合作性课堂进行评估有助于教师明白学生学到了什么和没有学到什么。令人欣慰的是，我们有许多可供选择的评估方式。

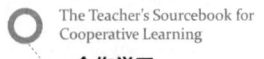

合作学习
实用技能、基本原则及常见问题

随之而来的问题

合作学习鼓励学生相互帮助（积极互赖），但是学生间的相互帮助也使评估面临着这样一些问题：

如果学生正在相互帮助，那么，他们相互帮助的成效不就影响到他们的学习等级了吗？

在学生学习学科内容时，我就要评估他们的合作技能吗？

如果学生是在获得帮助的情况下完成作业的，那么，我该如何评估其学习等级呢？

某一个学生的学习水平会影响小组同伴的学习等级吗？

这是一些难以作答的问题。也许，你还能提出更多诸如此类的问题。尽管合作评估是我们所面临的新挑战，但是一旦我们学会使用一些策略，就会发现我们能了解比之前更多的关于学生能力、成绩的情况。

当我们正在实施一个如合作学习般的新教学策略时，我们没有必要立即对小组或小组成员的每一个方面进行等级评估。学生第一次学习某些概念或技能时，理解往往还处在最初的水平，这时，最好不要急于评估，要给学生一些时间，使他们有机会在小组中运用有关内容和技能。

此外，有些小组合作后的作品难以使人对小组中的每一个成员进行个体评估，在这种情况下，一个行之有效的方法就是除了对小组所做的作品予以反馈，再在个人测验中对包括在自身和他人小组作品中的关键概念、内容和技能进行测验。

第一编
合作学习基础

对象—目的—方法

依斯蒂金斯（Stiggins, 1997）的看法，在决定运用哪种评估方法之前，无论是合作学习还是其他任何学习情境，教师都必须确定三个问题的答案：对象——测量什么；目的——测量获取的信息用来做什么；方法——如何最好地收集信息。

例如，如果测量对象是学生个体所掌握的学科知识的内容，目的是进行等级评定以便填写成绩报告卡，那么，个别测验也许就是最好的方法。再比如，如果测量对象是课堂合作学习的有效性，目的是提高学生共同学习的成效以达成小组目标，那么，最好的评估方法就是把检测个体的工作与评估小组的共同活动两方面结合起来。

请记住这几个关键术语：对象、目的和方法。在这一章中我们要讨论的就是有关评估的策略问题。

明确和保持一致的期望

如果学生在开始学习时就知道教师对他的期望、明了他们最终的学习结果大致应该是个什么样子，那么，无论是编写一个故事还是构建一个模型，学生都会更好地进行学习，都会在学习中有更为杰出的表现。尤其是如果学生正在小组中共同学习，小组的每一个成员对他们最终被期待完成的目标都有着不同的见解，他们便更会很好地进行学习。

许多教师用评分指南来让学生了解他们的努力将会被如何评估。评分指南有各种形式，如呈示良好学习特征的检查表、表明质量水平的评估

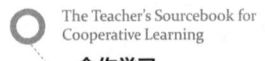

合作学习

实用技能、基本原则及常见问题

标准和清晰描述学生每一水平层次的评估准则。这三种不同的评估模式,稍后我们将在本章一一予以介绍。有些课堂中,教师心中对于有质量的学习有自己的看法并且据此打分,但学生却无从知道,他们不得不去猜测"什么样的学习是足够好的"。通常他们的目标就是"看起来足够好"。

现在,我们试图做到从一开始就给学生提供清晰一致的对象和期望,希望能激励他们进行高质量的学习。无论我们采用哪种评分指南或行为描述,如果我们告诉学生,我们希望他们达成何种学习水准(即所制定的标准),那么,学生就会努力来达成甚至超越我们的期望,他们会为自己最终的学习结果而感到无比自豪。

以下就是我们为学生小组合作学习的评估而提出的三种不同的模式。

选择1:小组评分(Same Grade for All)

某小组成员共同完成了一个学习项目,他们以口头和书面的形式提出了小组的研究报告,若采用小组评分的方法,那么,就给小组中的每一个人以同样的分数。之所以这样做,理由如下:

◇在现实生活中,团队活动中的每一个人都是要么共同成功,要么全部失败。如果在这件事情上失败了,人们往往不会去考虑某个人对这件事情的贡献,而是认为大家都失败了。反之,如果某件事成功了,即使某人没做出什么贡献,但他同样会获得好处。

◇给小组中的每一个人以相同的分数可以促使学生更多地相互帮助,并更多地为作为一个整体的小组做出贡献。

◇弄清每一个人对小组所做的具体的贡献是困难的,毕竟,教师无法时时刻刻关注到小组中的每一个学生。

选择2:个别评分(Everyone Gets a Separate Grade)

有教师对上述小组评分的做法提出了反对意见,他们的理由是:

◇给全体学生以同样的分数,这样的做法于情于理都是说不通的,因为就小组中的学习项目而言,作为B组的学生,如果他在A组做出了同样的贡献,但是如果A组的其他学生比B组的其他学生更努力,那么,B组的这个学生就该得到更高的等级评分。

◇如果学生发现由于小组同伴的平庸成绩,自己的成绩等级也相应地降低了,他们就会失去学习的动力。

◇小组评分会导致家长、行政管理者和学生集体反对合作学习。

若不采用小组评分,我们该如何促进学生的学习呢?

◇如果学习内容足够有吸引力,那么学生就不需要其他的诱因来促进学习。

◇不分等奖励(如成绩分阵法,见第三章),比如可以用称号、奖品和鼓掌等作为对学生学习的肯定。我们认为,奖励应避免采用那些对促进学习结果无关的方式,如延长休息时间、减少作业量等。奖励应能促成积极的学习。有些奖励方式就很好,如给学生更多的时间默读、教师为学生朗读,或者允许学生自己设计作业等等。

◇由学生制定目标,以便他们制定自己的标准并发展适合自己的评估方式。

在一次测验或考试中给每人以一个不同的分数等级是很容易做到的,

合作学习
实用技能、基本原则及常见问题

但是这并不适宜于项目学习，下面是一些在项目学习中对个人成绩进行评定的独特做法：

◇每一个学生负责项目学习中的某一个方面。

◇学生参加与他们组的项目学习有关的测验，如果可能，也可以由其他组提供与项目学习相关的考试内容。

◇对小组工作部分（如小组项目学习报告）不分等，但对个人表现部分（如口头汇报）评定等级。

选择3：小组评分与个人评分相结合（Combined Grade）

我们同样以小组情境中学生合作进行项目学习为例来说明问题。这次，我们不是给每个学生以同样的等级，小组每个成员的成绩是小组书面报告和学生口头报告项目学习结果两方面成绩的总合。例如，书面报告占总成绩的75%，口头介绍占总成绩的25%。如果小组书面报告得了80分，学生A在口头介绍中得了90分，他的同伴学生B在口头报告中得了70分，那么，A的最后得分是82.5（80×0.75+90×0.25=82.5），而B的最后成绩则为77.5（80×0.75+70×0.25=77.5）。如果我们采用五级评分法，小组评分为4，学生C在口头报告中得了3分，那么，C的最后成绩就是3.75（4×0.75+3×0.25=3.75）。

这种混合评分方法是建立在既重视小组的价值，但同时又承认小组成员成就和努力的基础之上的。

除了在项目学习的基础上采用对小组和个人的工作给予不同的百分比这种评分方式，混合评分还可以有许多种方式，以下就是其中的两种：

◇如果小组中每个人的成绩都高于设定的分数（即超出标准），且每个人都比以往有进步，超出了先前的分数；如果小组的总分有很大提高，或者如果小组的平均成绩高于设定的分数，那么就对小组中的每个人予以奖励。

◇按照每人对小组贡献的大小以及他们对合作技能的掌握程度，分别对学生进行个别评分和对小组进行总体评分（这是学生能够胜任的一种同伴评估的方式，因为他们对小组的每一个成员贡献大小的了解程度远甚于教师）。

值得一提的是，我们在对小组进行评分时，还必须考虑全班的学习情况，以便在全班中形成一种合作的氛围。

同伴评估和自我评估

较之于课堂教学，合作学习的一大优势是学生在小组中共同工作时不仅能有更多的人帮助他，还能有更多的人能发现他的进步并为他提供反馈。这种同伴评估的方式（并非取代教师的反馈）具有更多的优势：

◇教师必须明确评估标准，并将评估标准公之于众。这样做可以帮助学生在运用标准的过程中形成评估的技能。

◇通过评估同伴的工作，学生可以更好地把握优质学习的特征，真正懂得什么样的学习才是优良的学习。

◇学生学会评估自己的工作，将有助于业绩标准的内化。

◇学生能够向同伴中的榜样学习。

◇学生在同伴评估基础上的进步幅度会比在教师评估条件下的进步

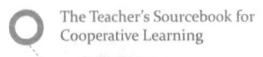

合作学习
实用技能、基本原则及常见问题

幅度更大。

◇同伴间的相互即时反馈更多,因为他们在一起共同学习。

除了知识和技能,同伴评估和自我评估应该关注的另一方面是小组活动的过程。换句话说,学生还应该就他们的小组、同学以及他们自己协同工作的情况进行评估。例如,他们在小组活动过程中相互帮助了没有?因为小组成员的相互影响是教会学生合作技能的一种方式(第七章)。同伴评估既不是吹毛求疵,也不是借机抱怨,评估应该是积极的,注意点应该落在小组如何才能更好地共同协作上。学生应该是一个"友善的批评者"。对那些总是不断地批评指责同伴的学生来说,编制一个简单的、含有特定评估内容的、具有积极评论意义的表格将是一个有效的方法。

值得一提的是,评估和等级评定不是一回事。并不是说所有的评估形式都需要转化为等级。教师应该决定在等级评定的标准中是否包括同伴评估和自我评估。同样值得注意的是,学生的合作水平如何也应成为等级评定组成部分的考虑因素。一个可供参考的方法是,有些教师给学生以两个不同的分数,一个评定的是其学业成绩,另一个表明的则是其合作技能和态度。

一个值得考虑的问题是,对学生的学术和交流技能究竟该如何打分。如果我们仅仅以外部奖励来鼓励合作,那么,为了鼓励合作而给学生以外部报偿的这种做法是危险的,这会妨碍学生形成作为一种价值观而存在的合作精神。

对项目学习的评估

当前教育的一大趋势是越来越多地运用项目学习(第八章),人们试图借此将学校教育和课堂之外的世界之间建立起联系，这就使评估有了一种新的选择——让学生去观察对自己学习具有影响作用的真实世界。例如，学生的研究课题是检测附近河流的水质，在调查了影响水质的因素后，学生提出了改进水质的方案并竭力说服政府、公司等采纳他们的建议。为了评估他们所做的工作，学生有时会要求这些单位给他们以反馈，从而知道他们的建议是否被采纳实行。对此，教师必须清楚地意识到，学生的建议是否被采纳，这是学生所无法控制的，它受众多因素的影响。因此，在项目学习中，以小组的意见被采纳与否来评定学生成绩的高低是不明智的。

小组测验

小组测验是一种相当新的做法。在小组测验中，小组成员齐心协力，共同回答问题。巴洛什（1998）认为，小组测验既可安排在个别测验之前，也可以安排在个别测验之后。如果小组测验被安排在个别测验之前进行，那么，它就起着复习的作用，它为小组成员提供了一个了解同伴哪些方面需要帮助的机会。如果小组测验被安排在个别测验之后进行，那么，这时的测验就建立在打算让学生在个别测验中掌握某些内容的基础之上。

常模参照评估和标准参照评估

另一个有争议且值得关注的有关评估的问题是，在评估学生的成绩时，是与其他同学的成绩相比照（例如，"A"就意味着某学生的成绩在这次测验中是全班最好的）还是与标准相比照（例如，"A"意味着某学生的答题正确率达到了95%或是五级评分中的第四等级）。虽然竞争对某些学生具有激励、推动作用，但却会减少班级中的合作氛围，因为帮助他人可能导致自己的学习等级降低。

为使学生明确学习要求，同时也为了促进课堂内外的合作氛围，标准参照评估是一个较好的选择。应用标准参照评估的方法，学生就知道他们应该做什么，他们就会明白，他们的成绩是在标准比照的基础上确定的，而不是在和同学成绩相比较的基础上确定的。例如，按标准85分应被评定为B，即使全班成绩都在85以上也一样。如此一来，帮助同学的学生就不会处于尴尬的境地了。每个人都得到相同的分数，就不会出现"赢者通吃"的情况了。

评分指南举例

表9.1介绍的是一种简单的等级评分的方式。在这一方式中，中小学生以语言文字来评估自己学习的三个方面——小组协作的质量、他们自己对小组的贡献以及最终的学习成绩。

表9.1 合作小组有效性的学生自我评估表

小组协作	个人表现	最终成绩
1. 我们小组不能很好地协同工作	我没有和同伴合作	未符合标准
2. 我们小组有时能很好地协同工作	有时我能和同伴合作	基本符合标准
3. 我们小组自始至终都能相互协作，共同努力	我总是和同伴合作	完全符合标准

表 9.2 的评估覆盖面和表 9.1 相同，但它记下的是教师的看法。尽管这份等级表是给教师使用的，但学生应该在他们将被评估的工作开始之前就对相关要求有一个清晰的了解。

表9.2　合作小组有效性的教师等级评估表

小组协作	个人表现	最终成绩
1. 不能有效地协同工作	没有一个人对小组工作做出贡献	未符合标准
2. 偶尔能协同合作，但不够持久稳定	有些学生能为小组进步出力	基本符合标准
3. 始终协同一致，共同努力，几乎没有什么不足	大多数时间全体学生都能为小组进步做贡献	完全符合标准

表 9.3 是用来指导评估合作技能的，表格既可以以核查的方式来填写，也可以以评语或举例的方式填写（例如，大多数时间你听得很认真，但当别人不同意你的观点时，你表现得有些不耐烦）。

表9.3　学生个体对合作小组贡献的评估表

	合作技能：注意倾听		
	接近预期目标	符合预期要求	超出预期要求
芭芭拉（Barbara）			
凯珀（Kip）			
唐纳（Donna）			
卢克（Rick）			
爱尔（Al）			

The Teacher's Sourcebook for
Cooperative Learning

合作学习

实用技能、基本原则及常见问题

> **下章要点**
>
> 　　现在，你对合作学习的基本原则已经全部了解了。你还有其他的问题吗？即使现在没有，但是，当你运用合作学习的各种原则的时候，你的脑中可能就会冒出许多问题。我们将在本书的第二编"合作学习实施的常见问题"中对一些具体的问题予以介绍。

Frequently Asked Questions
about Cooperative Learning

第二编
合作学习实施的常见问题

许多针对教师和学生的研究和课堂实践表明，学生之间的合作能极好地构建更愉悦、更生动和更具体验感的教育氛围。当然，这并非意味着通过合作，学生从一开始就可以取得巨大的成功。实施合作学习的过程中会有曲折，也会有无法预料的因素。如果能提前为这些事宜做好准备，将有助于我们更好地应对。本编中所讨论的诸多问题主要来源于作者（作为学生和教师）的亲身体验以及观察。如果这些问题没有很好地得到解决，将会影响学生的学习和合作学习中的良好氛围。我们更愿将这些问题视为挑战，而不是难题，这能促使我们成为更具洞察力和更有效率的教师。我们相信可以解决这些挑战，也相信运用合作学习好处多多。

本编中的建议主要来源于众多的研究资料，同时也含有作者本人及其学生在介绍、运用、参与合作学习中提出的问题、体会与感想。这些资料同时也来源于一些研究合作学习的作家，包括国际教育合作研究协会（检索于2001年12月31日，www.iasce.org）发行的《合作学习杂志》（现已不再出版）中的许多的贡献者。此外，无论学生是否进行小组活动以及有效利用合作学习，在各种优秀的教学过程中都存在着大量良好的经验重合。在接下来的内容中，我们所要探讨的问题的答案中也收录了一些普遍的教育资源。

我们有意对所有常见问题的回答兼容并包，并不限于某个特定的学习理论或者教育哲学。合作学习犹如一把大伞，持各种不同教育观点的教师可以在合作学习这个话题下分享经验，进行辩论。在交流的过程中，你可

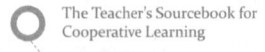

合作学习

实用技能、基本原则及常见问题

能会发现自己的一些看法与他人的看法有冲突。例如有些教师倾向于在课堂管理中使用奖惩以使学生有好的表现，而其他教师的方法则是试图依靠学生的内在学习动机来鼓励他们积极表现。

至于何种方法最适合你所教的学生以及你的教学目标和教育理念，这由你决定。同时请花点时间联系你对社会、人性和教育的观点来思考如何选择。

以下的问题涵盖了一些重要的领域，共分为八章：

第十章　为班级做好合作学习的准备

第十一章　管理合作学习班级

第十二章　设计小组任务

第十三章　合作学习提高思维能力

第十四章　特殊情境下的合作学习

第十五章　帮助合作效果不佳的小组

第十六章　与其他教师的合作

第十七章　与行政管理人员和家长的合作

毫无疑问，你与你的学生和同事还将会一起探究本书所列出的以外的方法，请一并与本书的作者（可通过 gmjacobs@pacific.net.sg 与乔治·雅各布斯联系）及他人分享。

第十章

为班级做好合作学习的准备
Preparing Our Classes for Cooperative Learning

俗话说："细节决定成败。"这句话也适用于合作学习。一些看似琐碎的事情，例如与学生一起组建课堂，将会对参与合作学习的学生最后能否获得成功产生很大的影响。

小组人数应是多少？

在本书中，我们会列举一些小组人数不一的例子，尽管大多数小组的人数是四人或二人，但是人数多的小组也有其优势：

◇我们需要管理的小组更少了。
◇有更多的小组成员分摊工作量以及贡献和想法。
◇如果每个小组交一个作业，我们需要批改的作业就更少。

另一方面，小组人数越多，我们的学生就需要越多的技能来管理互动。在配对活动中，他们只需两两进行互动：学生1对学生2，以及学生2对学生1。在三人小组中，需要管理的互动增至6次；在四人小组中，次数增至

合作学习

实用技能、基本原则及常见问题

12 次（Johnson & Johnson, 1998）。

如果小组间的成员人数不均衡，怎么办？

1. 如果人数不均衡，我们可以设定有一个或多个组的人数超过或少于 4 人，不过要尽可能地减少这种小组数。例如，在一个 38 人的班级中，可以有 8 个四人小组和 2 个三人小组（32+6=38）或者 7 个四人小组和 2 个五人小组（28+10=38）。

2. 如果少数学生经常缺课，可以请他们临时加入一个人数较少的小组。但是要尽早让他们回到自己的小组，以帮助他们认识到自己是小组中的一个成员，拥有权利的同时也承担着责任。

3. 当小组人数为奇数时，要时刻牢记形成异质小组（见第二章）。

4. 安排一名学生作为观察者，监督小组运作的各个方面并将情况报告给小组或班级。但是注意不要让这个学生做太长时间的观察者。

建立合作学习小组要多少时间？

组成异质小组需要不少时间，因此我们并不想每周都这么做。但是改变小组的组成有时候能够帮助学生了解班上的每个人。（见第二章）因为通过合作学习所营造的协作氛围有助于建立现实生活中的友谊，所以从某种程度上来说，我们希望合作小组永远存在。

1. 许多教师成功地使小组保持了一学期或半学期，至少五到六周。这使学生有时间学习如何与小组成员一起合作。由此可见，小组中的时间分配尤为重要,要有利于小组有效或更好地运作。

2. 建组长达半学期或以上能够帮助学生学会解决问题和建立团队认同(如通过小组命名、旗帜、团队宣言、握手等方式)。也就是说他们在这一阶段内寻求发展个体之间的积极互赖(见第三章)和深入项目的工作。请记住,当小组需维持一天以上时,为预防学生缺席,需将程序工作准备到位。

3. 与之截然不同的是,非正式的小组只维持15分钟。例如,观看一个视频后,学生可以使用"轮流发言"的方式(见第四章),之后就他们刚才所看到的提出疑问并回答问题。

4. 长期小组和短期小组可以同时存在,即一个学生可以同时是两个小组的成员。比如,学生可在一个小组内进行为期一个月的项目,但同时也可以在另一个小组内完成一天的阅读技能的学习。

5. 基本小组(Johnson &Johnson,1998)是指至少持续一个学期,甚至好几年的小组。成立这种小组的目的不是完成项目或者准备考试,而是提供支持和学习动机,小组成员定期聚集以了解每个成员在学校的状况。基本小组的成员犹如聚焦同一学术问题的好朋友。因此如果其中的某个学生缺课,小组的其他成员会帮他收集讲义和作业。

如果学生想自己选择合作同伴,怎么办?

1. 向学生解释与他人合作学习的好处。

2. 允许学生选择小组成员。例如,教师要求学生以"教师的眼光"来罗列他们心目中的小组成员的名单,我们也可以尝试将其中一人安插到该学生的小组内。但是运用这一方法必须小心谨慎,如果学生们不时地谈论各自的分组计划,则必定会伤害某些同学的感情。

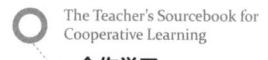

合作学习
实用技能、基本原则及常见问题

3. 学生可以在课外或其他一些活动中和自己挑选的同伴一起学习。

4. 告诉学生，合作学习小组的人员构成会定期进行调整，因此我们完全有机会和其他同学一起学习。

学生认为自己难以向同伴学习时，合作学习如何有效开展？

1. 学生需要时间互相了解，也需要机会去遵守合作学习相关的原则。教师应与学生交流并鼓励他们考虑这一方法的利弊。

2. 快速地做个数学统筹运算。在传统的"以教师为主"的教学方法下，学生一个月内通常能发言多长时间？相信次数不会多。然后再看看运用合作学习时，学生的发言时间增加的量。难道这个让学生活跃的额外机会不能抵消可能产生的问题吗？

3. 根据本书,告诉学生一些支持合作学习的重要研究成果。

4. 告诉学生你如何从他们和你原来的学生身上学习，这能够促使他们相信他们可以互相学习。

5. 举一些从同伴身上学到东西的例子，也要求学生们举出相应的例子。

6. 给学生观看合作学习课的视频，或让学生观察合作学习课的视频，了解合作学习是怎样的。

7. 向学生解释，尽管很多教师谈及合作学习，但合作学习不是唯一的学习方式。且合作学习需投入大量的时间，而不是一周一小时。

8. 学生需要时间互相了解，也需要机会去遵守合作学习相关的原则。[1]

9. 选择学生熟悉和喜爱的话题，这样他们会感觉更舒服。

---

[1] 此条与第 1 条基本重复，原书如此。——译者注

10. 逐步从学生所熟悉的以教师为中心的教学方法过渡到以学生为中心的合作学习。

11. 当学生在合作小组中时,多与他们沟通而不是埋头记录。在小组讨论陷入僵局时提供帮助,以表明你没有放任他们。

小组学习结束时,有哪些特别的事情要做?

通过一些特定的活动来结束是一个好主意。

1. 学生可以为自己的组员写个人或者集体的推荐信。

2. 学生可以互相写感谢信,或者口头向组员表示感谢,因为他们给自己带来了一次有价值的愉悦的学习经历。

3. 小组的成果可以通过作品或者其他形式进行展示和发布。

4. 小组内的每名成员可以保存某件成果以做留念。

5. 可以拍摄小组集体照。

第十一章

管理合作学习班级
Managing Cooperative Learning Classes

　　班级管理是教师面对的最大挑战之一。合作学习既给班级管理带来了难题,又自带解决之道,同时还有可能引发一些特殊的班级管理问题。

合作学习对纪律不良或者行为不当是否有效?

　　1. 合作学习并不是万能的。但是根据多年的研究以及自身的经验,我们建议一些组织完善的群体在活动时可采用合作学习原则,这样可以有效地减少纪律问题的产生。

　　2. 学生行为不良的一个原因是他们对权力的追求——因为想要对自己的学习有更多的控制权。合作学习能给他们更多的自主权和控制权。

　　3. 给予学生更多的权力可能会增加他们的个人归属感。因此,他们可能更容易看到行为不良不单是个人的问题,也是其他人的问题。同龄人对学习行为的支持比教师的支持更强大。

　　4. 因为学生可能不习惯合作学习所给予的自主权和责任,所以他们可能会滥用自己的权力,以逃避承担责任。有必要鼓励他们通过耐心和坚持来克服起初的不情愿。

5. 面对小组中出现的新权力，学生们可能会说："这是老师的事情。为什么老师不做好自己的工作？"这是一个大好的机会，可以借此与学生讨论教师的工作是什么，他们的工作又是什么。

6. 谈论与学习无关的话题是一个常见的问题。合作学习大大增加了学生交谈的时间，但这种交谈通常只是针对完成任务而言的。合作学习满足了学生谈话的需要，但这种谈话必须从学习的角度出发。

7. 合作学习增加了社会交往维度学习的机会，这也是许多以教师为主的课堂中所欠缺的。以教师为主的课堂，除非教师特意安排，不然课堂上的交谈会被视作是偏离学习任务的行为。通过合作学习，学生可将社会交往视为学习的一部分，而不是一种扰乱学习的表现。

8. 关于如何在小组活动中表现，学生可以制定自己的规则。

9. 正如格拉塞（Glasser, 1986）所言，我们太过专注于纪律而忽略了真正的问题。如果我们总是试图让学生做一些他们不喜欢或觉得太难的事，他们的表现永远不会好。研究表明，合作学习使学校为学生带来更多乐趣，同龄人的支持能够帮助学生获得成功。

10. 学生需要理解为什么要进行小组活动。在小组活动期间他们看似颇为轻松，但是实际上，小组能使他们更加努力学习，因为这种学习更愉快、更鼓舞人心。

11. 任务过难是管理问题中常见的原因。但是当学生进行合作学习时，他们也许能够完成在单独学习时很难完成的任务。

12. 在任何类型的教学中，当学生偏离任务时，我们需要按科恩（Kohn, 1996）的建议，自问："任务是什么？"通常教师对任务的理解与学生的看法并不一致。这个差异包括难度水平和兴趣水平。

13. 合作学习可以给学生提供支持，使他们很自然地接受学习所带来的必要的风险。人们享受那些他们觉得能够胜任的以及与他们有所联系

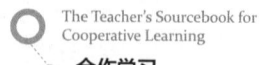

合作学习
实用技能、基本原则及常见问题

的工作。合作学习使学生更容易获得这种感受。

小组任务时是否要限制时间?

1. 限制时间能够使学生有效地利用时间。

2. 限制时间能够帮助学生掌握时间管理技能,尤其是当组内成员担任计时员的时候。

3. 如果时间限制已经结束,但是大多数小组合作正酣,那么可以考虑延长时间。

学生开展组间活动时,是否会浪费时间或造成混乱?

1. 向学生解释安静和快速移动的重要性以便节约时间,同时不要打扰其他班级。

2. 当我们保持小组一个学期左右,学生很快就会知道他们要坐在哪里。

3. 一旦学生知道自己在哪一组后,请他们在上课时按小组就座,而不是等开始上课后再移动位置。

4. 学生按小组而坐并不意味着他们需要一直进行小组活动。学生依然可以自己单独学习,坐在小组里听其他人交谈、观看视频等等。

5. 采用合作学习的方法时,如果需要学生从一组转移到另一组,如切块拼接法(见第三章)所示,我们需要仔细考虑并计划好学生应该如何移动之后再让他们去做。

6. 关于移动去向的指示要精确、清楚。

7. 如果班级规模很大或者空间有限,应该一次只移动一部分学生。

8. 如果在一个学期中,整个班级要以相同或相似的方式移动多次,则应让他们多练习几次,并且表扬那些动作迅速而安静的小组。

9. 同样,可将安静移动设计成一个游戏,可表扬移动声响最小的小组。或者教师可以对分组时间进行记录,鼓励学生打破过去的时间纪录。

当学生进行小组活动时,如何快速地吸引他们的注意力?

1. 等待学生关注会造成学习时间的浪费,所以要使用RSPA或者其他吸引注意力的方法(见第一章)。

2. 解释注意信号是十分必要的,因为它能节省许多零散的时间。

3. 如上所述,可通过计时了解学生多快能安静下来,并且让他们下次尝试改善。

4. 对于年幼的学生,除了使用RSPA方法,一旦他们举手,便让他们用另一只手指着自己的一只耳朵,以提醒自己注意听讲。

5. 另一种注意信号是教师拍一次手,让学生以拍两次手来回应,表明他们已经准备好听讲。

6. 与其他教这些学生的教师分享想法。如果我们的同事都使用同样的注意信号,学生很快就能习以为常。

7. 在计算机实验室里,可添加的一种注意信号是停止使用鼠标和键盘,在普通的教室里,则是让学生放下钢笔或铅笔。

The Teacher's Sourcebook for
Cooperative Learning

合作学习

实用技能、基本原则及常见问题

如何应对小组过于吵闹的局面？

1. 如果小组学习时学生大多非常活跃，教师要有必要的思想准备。教师要分辨，何种声响是正常的、值得提倡的，何种声响是糟糕的、必须明令禁止的。合作学习的倡导者斯莱文教授（1995）在谈及课堂中的声响问题时曾明确提出，"合作学习时课堂上的声响应该像蜂鸣般嗡嗡作响，而不是体育赛事时的震耳欲聋"（p.142）。

2. 一些同事可能会抱怨学生在小组交谈中所发出的声响。当你保证控制吵嚷声后，你要向他们解释为什么使用合作学习这一方法，以及效果如何。这样即使课堂上声响偶有增强，他们也能对此更宽容。

3. 帮助学生分清两种不同的声响。一种是适用于小组里使用的"6英寸（约15厘米）声响"，这是在很短的距离内能听到一种声音，有些教师喻之为"图书馆内声响"。另一种声音是足以充斥整个教室所有角落的声响，即当一个学生说话的时候整个教室内坐着的所有学生都可以听到。

4. 当学生们彼此坐得很近，他们不必大声嚷嚷就足以使同伴听清彼此的发言。如果他们面面相对、促膝而坐，"6英寸声响"就足够了。

5. 如果小组规模很小，那么只要学生们彼此坐得近，即便他们轻声说话，组员之间也能够听得到。因此对于一个经常大声嚷嚷的小组来说，一对一谈话是个很好的选择。

6. 要求每个小组设立一个"声控员"，亦可称为"声音猎犬"或"嘘嘘船长"（见第六章）。以下是关于有效发挥"声控员"作用的一些建议。

（1）学生需要学习如何做声控员。首先，他们有必要理解轻声说话的好处，包括不干扰其他小组（或其他班级）的学习，不会喉咙痛，会促使自己言行举止平和、合理且有礼貌。

（2）其次，学生需要考虑如何用一些不同的方式来要求他人小声地交谈。具有不同文化背景的人可能会有各种不同的控制声音的方法，常见的方法有将竖起的食指放在唇前，同时轻声地说："嘘，轻点……"或者也可以伸出双手，掌心朝下，重复几次。

（3）用语言要求他人降低音量时，学生可以小声地使用某些短语或策略语，如"请轻声细语"和"请你安静点好吗"。

（4）学生可以通过在小组中进行角色扮演来练习这些动作和策略语。每个人轮流扮演吵闹的学生和声控员。

（5）学生可以在小组讨论中继续使用这种方法，以此来观察如何保持适当的音量。例如，他们可以每个人分别谈论（当然是轻声地说）自己是否曾经大声地说话、为什么要这么大声说话以及下次如何改善。

7. 在课堂教学中，如果学生不知道自己该做些什么，又或者如果认为学习任务实在太难，那么他们就会变得吵闹不休。因此，我们需要帮助学生掌握学习中应当具备的必要知识和技能，或者帮助他们解决超出能力之外的问题。

8. 当教师想让学生停止讲话并将注意力转向自己时，许多教师喜欢使用注意信号。我们也可以采用另一种信号，比如说"继续讨论，但是请轻声些"。下面是我们从同事那里学到的方法：

◇当你高举双手时，这意味着："讨论停止，注意力集中到我这里。"当你举起握紧的双拳时，则表示："继续讨论，但声音要轻一些。"

◇在黑板上画一个"√"，表示学生需将注意力集中到教师这里。一个向下的箭头则示意降低音量。

9. 当然，让学生们交换观点最安静的方法就是通过文字，可以写在纸上或者打在电脑屏幕上。许多合作学习的技能，例如写作循环圈（见第四章)就将写作视为该技能的一部分。

10. 当学生进行问答活动时,教师应告诉他们小组讨论的内容需要保密。稍后他们可以与其他人分享观点。

如果个别小组没有正确地开展任务或学习活动,怎么办?

1. 当学生第一次尝试合作学习时,有一定程度的困惑是正常的,这些困惑有时甚至是有益的。当我们多次使用相同的合作学习方法后,学生对此会变得熟悉,因此对详细说明的需求会减少。当我们的同事也使用相同的合作学习方法时,学生会熟悉得更快。

2. 学生应该理解课程的目标、一个特定的任务如何融入总体的课程计划中,以及教师将如何评估他们的工作,标准又是什么。

3. 让学生参与设计指令。

4. 从学生的角度来布置指令。

5. 在学生开始活动前,请班级中的一位同学把整个过程向全班重复一遍,或者让每个组中的一位成员向其他组员复述。比如说:"弗莱德,你是你们小组的 1 号对吗?当你面试完 4 号的罗萨后,接下来要做什么?"

6. 无论是作为班级成员还是组员,学生都要大声朗读指令。

7. 给学生一个提问的机会,解答他们的疑问,并提出修改指令的建议。

8. 当全部学生的注意力都集中到你这里后,才给出指令。

9. 把指令写在黑板、广告纸、投影机、数据投影机上或是讲义上。

10. 确保所有学生能够清楚地看到我们所写的任何书面指令或图形,或者任何学生都能够参与到指令的解释中来。

11. 也许对于某些学生来说,只有体验过更为复杂的方法之后,才能理解这种方法。

12. 当开始使用一种新的合作学习方法(特别是有些复杂的方法)时,要使用在自己熟悉的而且不是很难的内容上。

13. 学生需要明白,在指令完成之前不能开始任务。

14. 分阶段给出指令,减轻学生的记忆负担。

15. 通过加入一个小组来演示这个方法,或者让理解这些指令的学生演示给班内其他同学。

16. 只要组内成员在认真学习,教师可以允许小组有不同的程序和步骤。

17. 监督每个小组,看看每个小组是如何开展活动的,时刻关注学习有困难的小组。如果有更多的小组感到困惑,就先停止上课,将步骤再解释一遍。

18. 中途停止上课,表扬表现得特别好的小组。

19. 正如对于内容的理解一样,在插手干预前,先给学生一个机会尝试自我调整与解决。

如果小组完成任务所用的时间不一样,是否会产生问题?

并不一定。

1. 对于比其他小组更早结束的小组,教师需检查他们是否有效完成了任务。

2. 如果小组确实完成了任务,可让他们进行海绵活动或自由活动。海绵活动可以有效地利用额外的时间。课堂上需要定期进行海绵活动,如阅

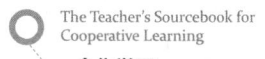

合作学习
实用技能、基本原则及常见问题

读一本书或完成家庭作业,或一些与课程主题相关的补充学习。

3. 提早完成任务的小组可以互相交流学习所得。

4. 小组之间可以谈论他们如何一起完成任务。这样或许能够获得有用的信息,并与遇到困难的小组分享。

5. 提前完成任务的小组可以帮助完成任务有困难的小组。

6. 设定时间限制来鼓励小组继续工作,而且时间限制应该是灵活的。如果小组运行得很好,但需要更多的时间,尝试给他们一些额外的时间。

如何使小组汇报成为班级中每个人的学习体验?

除了让小组在全班面前进行展示,还有其他进行小组汇报的办法。

1. 让不同的小组汇报同一主题的不同方面,这能够减少汇报内容上的冗余。

2. 小组之间相互汇报,而不是向全班汇报。(见第五章)

3. 各小组间交换成员以听取其他小组的意见,如合作学习方法相互串门交流(见第五章)中所说的那样。

4. 在小组内提供一个空间来记录各组成员的回答——如白板、黑板、布告栏、海报等。这样,小组成员之间或者小组之间可以相互查看学习成果。

5. 一个小组的代表可以对他们小组的答案做出示意,例如拇指向上表示赞成或同意,或者可以把答案写在一张纸上。

6. 如果学生要向全班做小组汇报,请向他们强调以下几点要求:

◇ 学生应提前上交作业,这样教师可以及时反馈。这也有助于避免小组准备过程中出现共同的问题,而不是在倾听汇报中遇到的个别的问题。

◇汇报者可以邀请班级或小组中的同学参与到报告中来。例如运用"用音乐呈示学习结果"（见第六章）之类的合作学习方法来完成汇报。

◇在第一组做汇报时，其他小组应注意记下他们所说的要点，随后的小组只需提出之前没有汇报过的观点或一些新的看法。为了避免接下来的小组都只说"同上"二字，在报告开始前可让各个小组在纸上画出重点，这样他们就能清楚地看到在报告时需要加上哪些内容。

◇要求其他学生给予反馈或提出问题，这些内容可以先写在纸上。

◇其余的学生通过后续报告来衡量汇报者是否成功地将他们的观点传递给大家。

◇与班上的同学一起讨论汇报时可能要用到的技能，比如不偏离主题、遵守时间要求、考虑听众的知识背景、利用视觉辅助来阐释并且吸引关注。

◇通过给小组中每个成员发言的机会来达到使汇报内容丰富多样的目的。

◇汇报者可以在报告前、报告中或报告后提出一些问题，听众可以对此展开思考或讨论。

当学生开展小组学习时，教师如何进行旁听？

1. 注意各组的桌椅是如何摆放的，以便教师能方便地接近各个小组。（见第一章）

2. 教师参与小组活动或在组边旁听会对小组的讨论产生深刻的影响，影响可能是积极的，也可能是消极的：对于容易开小差的学生来说能产生好的影响，而对于那些过于关注教师而忽略了组员的学生来说则会产生不好的影响，习惯求助于教师的学生总是迅速地向身边的教师提问。因此站

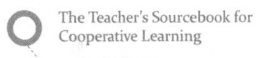

在邻近的其他组去观察这一小组的活动不失为一个很好的策略。教师可以站着或者坐着,这样可以很好地倾听和观察,而且被观察的学生便不会向教师寻求帮助或征求同意。这个简单的方法可以使教师获得难得的见解。

3. 在观察一个小组时,教师可以站着或者坐着,抬头可以看见其他组的所有人或大多数人。例如,在观察教室后面的小组的活动时,教师要综合考量自己与该小组的位置,此时教师应面对着教室的前方而不是后方。

4. 准备一把塑料椅子或一把轻便的折叠椅,这样可以很容易地坐下来,因为弯腰听学生讲,尤其对象是年幼的学生,可能会对教师的膝盖造成伤害,这样做时,教师也不方便整理自己的衣服。最好的情况是每个小组都有预留给教师的空座位,尽管这种可能性较小。

让学生知道教师观察的重点。有时,这涉及非常具体的事情,比如使用特定的合作技能(例如提问)或理解特定的课程目标;有时,又比较宏观,例如小组如何运作。

第十二章

设计小组任务
Creating CL Tasks

使用合作学习的方法和技能有助于我们将学生任意的学习任务或教材里的任意活动转换为合作学习。这么做着实需要慎思,正如一位教师所说的:"我突然意识到参与合作学习是一件十分有趣的事情,且易于操作。虽然需要额外准备,但是成果异彩纷呈。"幸运的是,合作学习的经验越丰富,准备起来越得心应手。

开展合作学习的频率以多少为宜?

1. 尽管研究证明合作学习是有效的,但是没有人提倡学生要一直在小组中进行学习,教师仍然需要与学生谈话,学生也需要单独活动。

2. 合作学习不应只在每周五进行以增添一些多样性,而应该把它当作教学的定期活动和重要部分。

3. 因为许多合作学习活动只需要几分钟,例如"轮流写"(见第四章)就是以一对一的方式来开展的。因此教师很容易把合作学习和其他教学形式相结合,例如教师可以先解释一个观点,再让学生根据这个观点开展小组学习。

4. 教师还可以使用更具引导性的方法：先让学生自己研究任务，然后教师再给出意见。

何时采用结构化合作学习活动的方式？

1. 尽管合作学习需要精心准备，尤其对是刚接触合作学习的教师和学生来说，但是实际上合作学习在某些方面可以减少教师的工作量。

◇ 教师在课堂上讲授的时间减少了。由于教师有时只需为各组准备一份学习材料即可，在材料的准备上所耗费的时间大大减少。

◇ 通过合作学习，学生在进入课堂前就已经解决了一些问题，而同伴也可以给予彼此反馈，纠正和监控学习，使学习得以简单化。

◇ 许多教师请学生开展互评，这一做法也极易融入合作学习的相关活动中。

2. 越来越多合作学习资料正准备出版。教师可以在教师指南中找到与合作学习相关的他人的想法。

3. 互联网上有很多现成的合作学习教学计划。教师可以在网上搜索并找到自己喜欢的方法，可以从资源库中所列出的网站进行搜索（见第三编）。

4. 教师可以将教材中的非合作学习活动转换为合作学习活动。

5. 教师可以与同事分享教学资料和教案。

6. 和其他大多数事情一样，开展合作学习的次数越多，我们越能更好更快地上手。在过去的这些年里，我们搜集了大量的资料，教师可以重复利用或修改这些资料。

7.通过时间的累积和教师的指导,学生可以更好地完成合作学习,更加独立地进行小组讨论。教师可以适当地参与到学生的准备过程中去。

合作学习型课堂与教师讲解型课堂有何不同?

综合各个方面来看,课堂都是一样的。你不必惊讶,因为合作学习并不排斥以教师为主的教学方式。以下阐述的是两者所具备的共同特点以及合作学习课堂的独特之处:

1.明确学习目标。要帮助学生了解或参与决定本节课他们需要掌握的内容、本节课如何形成课程的部分目标、这节课和后续的学习之间的联系等等。

在合作学习课堂中,组员互相检查他们是否已经理解了学习目标。他们珍惜组内学习和帮助他人学习的机会。除了常规的学习目标,合作学习课堂还极为关注合作技能、思维技能等目标(见第七章)。

2.输入和示范。要为学生提供信息和技能,帮助学生达成学习目标,并示范如何运用这些信息和技能。

在合作学习小组中,同伴间彼此互助以获得知识。此外,还可以通过探索性方法使学生有针对性地获取知识,并尝试运用技能。

3.操练。要给学生运用知识和技能的机会。

操练表现为教师引导下的活动或个体的独立活动,但同伴之间也可以通过合作或者互相检查作业来进行。

4.评估。要通过监测来了解是否达到目标。教师不是唯一的评估者,学生也可以参与。

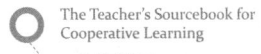

合作学习
实用技能、基本原则及常见问题

5. 结束。课末要回顾本节课的学习内容、学习过程、如何运用所学内容以及预习下节课的学习内容。

教学的结束环节中可以应用多种合作学习技能，比如交谈圈（见第二章）、配对回答（见第七章）等。此外，小组成员还可以就小组活动的效能展开讨论。

小组活动的时间是否会过长？

1. 要记住小组活动的重点并不是要覆盖资料的方方面面，而是要从资料中发现一些有用的知识。因此要思考在合作学习中，如何实现以更少的内容帮助学生更好地理解。

2. 要强调学会学习的重要性。尽管在学生的学习初始阶段，教师可能要放慢速度，但是从长远来看，这些技能可以促进学生学习。

3. 合作学习可以与其他教学模式相融合。例如在上课或示范时，教师可以时不时地停下来让学生进行合作学习，例如和邻座讨论（见第四章）。这种活动使学生有机会去巩固和表达当前所学的内容，而教师也有机会检查学生对知识的理解程度。

4. 教师可以利用合作学习技能，让各个小组之间相互做报告，而不是在全班面前展示其答案或结论。

5. 教师可以通过限制时间的方法促使学生的小组活动始终围绕主题展开而不会偏题，这样也可以加快小组活动的速度。

6. 每个小组中选出一名组员担任资料管理员，负责分发和收回资料。这样会比让教师分发快得多。

学生是否会对重复采用同一合作学习技能或合作学习方法有所抱怨？

与其他任何课堂活动一样，如果教师要求学生做重复的事，学生可能会对此有所抱怨。但是按照我们以往的经验来看，与传统的教学课堂相比，在应用合作学习方法的课堂上，这种可能性要小得多。

1. 与学校其他的趣味活动相比，要让小组活动变得有趣的关键在于：

◇ 有吸引人的主题。
◇ 具有挑战性的但是可行的任务，让学生做好准备以确保成功。
◇ 任务与学生的需求相关。
◇ 能从成功的学习中获得满足感。

2. 合作学习技能是千变万化的，学生可以提出自己的观点，教师也可以提出可替换的方法。

3. 重复应用同一个合作学习技能是很有好处的：

◇ 学生善于使用这种方法，并且享受学习过程。
◇ 如同学习新的舞蹈一样，学生一旦享受使用这些步骤的过程，教师就能专注于其他事物，比如在舞蹈中增加一个旋转的动作。
◇ 一旦学生掌握了合作学习技能，他们就会思考自己和组员们是否使用正确，例如他们彼此间会相互询问。
◇ 学生可以利用更多的时间讨论如何在将来更有效地合作（见第七章）。

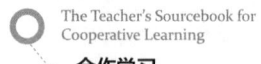

合作学习

实用技能、基本原则及常见问题

对能力水平较差的学生来说，如果合作学习任务难度太大，该怎么办？

1. 通过帮助学生看到任务的重要性来激励他们，其中的一个方法是让学生参与到设置问题和制定任务的过程中。

2. 为任务制定一个框架或标准，如思维导图（见第六章）。

3. 将任务分割成几个小任务。

4. 允许个别小组拥有更多的时间，相信他们能够完成任务。强调小组活动不是竞赛。让已经完成任务的小组进行海绵活动（见第十一章）。

5. 运用切块拼接法，小组中的每个成员掌握一部分信息。学生从其他小组中获得信息，然后告诉给自己的组员。

6. 如果学生目前是成对活动的，那么就增加每个小组的人数，这样可以增加学生获得活动中所需的知识或技能的机会。

7. 给学生提供更多的信息，例如在活动开始前观看小视频、举行小型讲座或展示会。

8. 提供更多的资源，例如 CD 光盘和参考书。

第十三章
合作学习提高思维能力
Enhancing Thinking When Using CL

提高学生的思维水平是教师教学工作的重要目标,合作学习为课堂教学中促进学生思维技能的形成和发展提供了一条重要途径。

如何鼓励学生通过小组学习来展示创造力或其他高阶思维能力?

1. 并不是所有的学生在跨进学校大门时就已经具备了各项思维技能。在教学过程中,要着重教学生学会分析、判断,集思广益,学会各种不同的解决问题的方法。学生需明白这些思维技能的价值,它们不是孤立存在的,而是融合于知识的学习之中。

2. 在合作学习活动中,适时运用那些能促进学生思维技能发展的合作技术,如 SUMMER(见第七章)等。

3. 所提的应是开放性问题,要让学生明白,许多问题并不只有唯一正确的答案。

4. 帮助学生理解学习是一个不断发展的过程,学习中允许犯错误,有些错误会帮助他们获得新的想法。

5. 促进小组更规范地开展合作，鼓励学生不怕冒险、不怕犯错，积极寻求帮助。（见第一章）

6. 给学生充足的时间回答问题。教师要创造条件让学生进行独立思考和与同伴交流。例如，可以运用思考 — 配对 — 分享或其他相关的合作学习技术。（见第三章）

7. 学生回答问题之后：

◇不要评估答案，而是把学生的回答再阐释或者概述一番，也可以给予肯定。

◇向学生继续发问：你为什么这样认为？能给我们举个例子吗？

◇请学生描述一下他们得出这个答案的过程。

◇运用苏格拉底教学法向学生发问，请他们就自己的答案进行辩说，比如请学生从反面来进行陈述和反驳。

8. 不要有太强的支配欲。这会让学生觉得学习只是为了迎合教师预设的答案或者依样复述他们所学到的东西。

◇尽量少说话。

◇围绕学生的见解构建知识，充分肯定学生提出的观点的价值。

◇教师要谨慎表达看法，以免打断学生的讨论。可行的方式是，如果教师要表述自己的见解，同时要认可其他观点和方法的合理之处。

◇与学生讨论自己犯过的错误以及以前的学习过程。

◇接受意料之外但却言之有理的答案。

如何避免小组成员过快达成共识，并展开有意义的探讨？

有些小组表面上看情况不错，但实际上成员们并没有深入展开讨论。

1. 向学生强调不同观点在学习中的价值。下列引述非常有用：

◇如果两个人的观点一致，那么其中一个观点就失去了意义。我不想与和我意见相同的人交谈；我想与看法不一的人进行交流。我认为差异很重要。（Covey,1990,p.278）

◇如果大家的想法都一样，那么肯定有人没有思考。敌人会假意赞同你，而朋友却会与你争辩不休。（俄罗斯谚语）

◇不打不相识。（中国谚语）

2. 尽管我们鼓励小组成员共同学习，但不要总是要求他们达成一致。除非我们力求学生形成统一，多数情况下，他们会包容不同的意见，而不是尽力去说服对方。

3. 在包含了合作学习的所有学习活动中，教师要对少数人的意见予以充分的关注和尊重，学生时刻以教师为榜样。

4. 关注学习过程而不是结果。

5. 给学生以充裕的时间，以免学生过早达成一致意见。

6. 询问很快达成一致意见的小组是否真的经过深入讨论。教师可以请小组成员描述一下自己对他人意见的看法。

第十四章
特殊情境下的合作学习
Using CL in Special Situations

本章主要介绍三种教学情境下的合作学习,可能会与通常的课堂教学有所不同。

学前和小学低段学生

面向学前和小学低段学生,是否可以开展合作学习?

幼儿教学也可以采用合作学习,他们日后的教师将会感激这些孩子早期所接受的合作方面的培养。早期童年教育中很多非正规学习活动是习得合作技能的好机会。

1. 著名的儿童发展研究专家提到,2岁左右的儿童可以理解他人的认知和情感。

2. 合作学习能够帮助儿童树立对他人的认知意识。此外也能发展其沟通技能。

3. 和普通人一样,幼儿也需要拥有与社会交往的能力、认识自我的能力以及自制力。对于那些刚离开家庭,还没有适应学校生活的幼儿来说,拥有与社会交往的能力尤其重要。

4. 将合作视作价值观来教导（见第一章）对幼儿是十分重要的。教师可以使用如下方法：

◇使用合作学习领域的语言。如果幼儿有自发合作的表现，比如，在玩耍或学习时有助人行为，教师应告诉他们这就是合作。

◇鼓励儿童们关注他们所受到的帮助的类型，这些帮助不只来源于家庭成员，还来源于学校。

◇为幼儿示范合作行为。

5. 在班级里及时构建合作环境。例如，整个班级可以一起：

◇策划活动。

◇欢迎新生。

◇为生病的同学制作慰问卡。

◇打扫教室。

◇解决一天中出现的问题。

6. 在非正规学习任务下的合作为形成合作氛围提供了新途径，如互相为彼此穿防寒的衣物。

7. 为合作游戏留出时间，成人尽量不要进行干预。

8. 安排人人都是赢家的游戏。

9. 在学龄前儿童中开展小组活动时，最好将他们分成两组。

10. 儿童需要在团体活动中体会成功，这样他们才会享受团体活动，相信团体能成功。换句话说，对学生而言，"我能"和"我们能"同样重要。

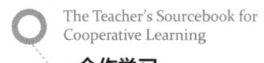

The Teacher's Sourcebook for Cooperative Learning

合作学习

实用技能、基本原则及常见问题

学习第二语言的学生

面向学习第二语言的学生，如何开展合作学习？

只要这些语言任务在他们可承受的范围内，我们可以在学习第二语言的学生中应用合作学习技能。实际上，本书诸多合作学习的观点是教师在运用合作学习来教授学习第二语言学生的过程中总结得出的。

1. 要牢记虽然这些学生的第二语言水平相对较低，但并不意味着他们的智力低下。因此如果我们需要保持同一语言水平进行教学的话，所使用的概念要与同龄的母语学习者的认知水平相符合。

2. 这些学生通常缺乏自信。在合作学习时，我们要成立援助小组（典型的合作学习的优点）来帮助他们树立自信心。一旦这些学生熟练掌握了合作学习技能后，便能产生结构化、清晰和预期的学习结果，他们的信心将会大大增强。他们明白自己该做些什么。

3. 如果学习第二语言的学生同时也在学习母语的课程，那么合作学习也可同时适用于他们的母语学习。

4. 按语言水平来进行异质分组。水平高的学生可以实时帮助水平较低的组员。

5. 在合作学习活动中，如果需要角色扮演，那么让学习第二语言的学生担任语言需求相对少的角色，例如计时员。然后再逐渐让他们参与到语言要求更高的角色中来。（见第六章）

6. 帮助学习第二语言的学生扩充词汇量以便他们更好地了解小组任务说明，更好地与组员进行交流。（见第七章）通过这种方式，我们在帮助学生提高语言能力的同时也能将小组活动组织得更好。

7. 如果我们通过合作学习给予学生更多的时间来准备，例如使用思考 — 配对 — 分享技能（见第三章），学生会从中获益颇多。

8. 提供更多语言上的支持，例如运用教材上的文章进行模拟对话、词语练习和听力活动，然后再让学生进行小组互动。

9. 学生在小组中有机会尝试和修改所运用的语言，然后再面向全班或另一小组进行演讲。

10. 在某些国家，比如美国，普遍的情况是大多数学生是用英语来进行学习的；而对其他学生来说，英语是一种全新的语言。对那些语言混杂的班级，我们的建议如下：

◇除了英语能力，要根据学生的其他水平布置多重能力的任务（见第六章），使英语水平偏低的学生有表现的机会。

◇大量的视觉线索和其他语言支持可以为学生提供新的理解思路。

◇在组建小组时，把双语能力较强的学生与英语能力较弱的学生相组合。同时应注意这种方式是否会对有较强双语能力的学生造成过重的负担。

◇考虑到学生可能会对课堂规范有不同的期待，或者有些学生可能很少接触学校。教师在尊重学生的文化背景的同时，要与学生共同合作以使学生产生对学校和课堂学习的期待。

在运用第二语言的小组合作中，如果学生使用了母语，怎么办？

1. 要有长远的观点。学生需要学习许多新的事情：新的语言、新的文化和新的学术内容，他们可能会对小组合作活动感到陌生。因此出现这种情况是意料之中的，他们需要时间来适应第二语言的学习和小组活动。

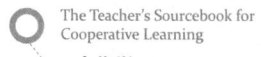

The Teacher's Sourcebook for
Cooperative Learning

合作学习
实用技能、基本原则及常见问题

2. 出于某些原因，偶尔使用母语可能也有好处。例如语境中的一些单词很难解释或推测；如果有时间限制，那么用母语将会快得多。要牢记我们是在帮助学生学习一种新的语言，而不是让其放弃使用母语。

3. 通过合作学习，我们可以给学生创造一个支持性的、压力小的环境，鼓励学生冒险，例如使用第二语言，并且允许学生犯错误。

4. 在教室内走动以及与其他学生或小组交流时要使用第二语言。

5. 不要责怪学生使用了母语；如果学生使用了第二语言，要加以表扬。

6. 思考是否为学生提供了足够的语言学习的支持，例如适当的语言展示，这样学生可以获得资源来完成第二语言的学习任务。

7. 学生在与班内外的同学交流时会惯性地使用母语，我们要认识到改变习惯需要时间。

8. 与学生讨论第二语言的使用，鼓励整个班级就小组使用母语的问题达成一致。

9. 有些学生因为不愿意在同学面前犯错而使用母语，教师要向他们解释，理解语言的意义和准确、流畅地使用语言需要一定的时间，而合作学习的目的更倾向于后者。

10. 在每个小组中指定一个成员作为第二语言学习管理员或队长，他的职能是促进和鼓励第二语言的适当使用（但并不代表避免使用母语）。

11. 合作学习为学生提供了充足的时间，在发言前思考如何用第二语言表达自己的观点，例如在书写 — 配对 — 变换（见第三章）中。

12. 合作学习的写作活动能帮助在第二语言的书面表达方面优于口头表达的学生，因为他们不必担心发音问题，也不会有太大的压力。因此如果学生在组内用母语讨论，他们可以上交一份用第二语言所写的书面报告。

13. 每学期乃至每天要给学习第二语言的学生准备使用母语的专票，

让他们决定是否需要使用母语。每使用一次母语就上交一张票。然后让学生讨论他们所用的票数和原因。教师也可以选择表扬使用票数少的学生。

14. 此外,要给学习第二语言的学生四张语言令牌(这是谈话卡的变体,有关谈话卡的内容可见第六章)。每发言一次,他们就要上交一张令牌;当他们用母语讨论时就要上交两张令牌。当所有令牌用完时就不能再发言,直到小组的所有成员都用完令牌为止。

15. 与学生商量后在教室里指定一个小角落,学生可以去那里暂时用母语交谈。

大班教学

如何在大班课堂中开展合作学习?

合作学习在大班中的作用更为显著,因为在传统的教师讲解的模式中,班级越大,每个学生参与的机会越少。但是,若从根本来看,大班中的合作学习和小班中的合作学习相差无几,在大班课堂中,我们还能划分更多的小组:

1. 因为教师监管小组的时间减少,所以大班的小组要学会更自主。教师有必要采用多种方式方法帮助学生,使他们学会自我管理,变得更加独立。这不是一件坏事,但确实是一个很大的挑战。(见第八章)

2. 学期伊始,要与学生共同制定若干小组活动的规则,如小组成员怎样迅速、安静地聚拢和分散等。

3. 教师需要对小组活动的编排做好充足的准备,否则会导致混乱。同样,教学指令要清晰,因为教师无法监管到每个小组。

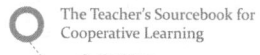

合作学习

实用技能、基本原则及常见问题

4. 大班教学会导致整个小组活动更难掌控，因此教师需要更多的时间去帮助学生发展合作技能（见第七章）。教师也需要更多地尝试着让学生管理自己的小组。例如每组指定一个学生担任促进员。

5. 大班中基本组（见第十章）的作用十分重要。以基本组为单位可检查学生的出席率、无故缺席的原因、新加入的学生和家庭作业的完成情况。小组中应建立起支持性的网络，以免学生在大班中感到困惑、迷茫。

6. 学生会误认为除非教师亲眼见证小组展示，否则这个活动是不完整的，教师要尽量避免使学生产生这样的错误看法。毕竟教师有其他的方法来检查学生的理解是否到位，而且教师也不是唯一的检验标准。要以学生为中心。（见第一章）

7. 大班中学生人数的规模有时与大课堂的教室并不匹配。为了解决拥挤的状况，教师要注意：

◇ 鼓励学生在小组活动时尽可能坐得拢一些。

◇ 分组规模小一些，每组的人数尽量不要超过4人。

◇ 采用统一的小组管理方式。

◇ 确保教师在教室内能自如地走动和监管所有小组。

第十五章

帮助合作效果不佳的小组
Helping Groups that Aren't Functioning Well

有效的动态小组是合作学习成功的关键。"这是来自重要的伙伴的社会支持和问责，能促使大家为了成功而共同努力"（Johnson & Johnson，引自 Gibbs，1994，p.195）。不幸的是，在合作学习的过程中，总会有几个小组的合作效果不佳。本章介绍的就是帮助这些小组的方法。

如果学生在小组活动时不能友好相处，教师该怎么办？

1. 帮助各组制定合作的原则和规则。学生在制定过程中应有话语权。
2. 对一些组员的不礼貌行为，例如身体、言语上的侮辱、贬低或者拒绝帮助等采取零容忍政策。
3. 为学生做出表率。如果教师高度尊重所有人，久而久之，学生也会尊重他人。
4. 做好班级及团队建设工作。在这样的活动中，学生会知道自己的组员或者同学的名字、爱好等，然后通过小测验来检查他们是否记住了这些信息。为了这个测验，学生会尽可能多地使用到组员或同学的名字。

The Teacher's Sourcebook for Cooperative Learning

合作学习

实用技能、基本原则及常见问题

5. 教师要着重强调，我们很少有机会可以选择单独工作还是与他人合作，也很少有机会能选择与自己喜欢的人一起工作。通常情况下，我们必须要与某些人一起工作，例如，教师不能选择同事。要将负面因素转变为正面影响，使学生明白学会与不同的人合作是难得的学习机会。

6. 许多地位高的职业需要与他人共事，事实上所有的职业都是如此，例如，医生必须和医疗团队相互协作，并和病人及其家属交流。合作学习为学生提供了锻炼合作能力的机会。

7. 强调使用与他人合作（见第七章）这一技能的重要性。例如，我们可以把一支铅笔放在小组中间，只有拿到笔的学生才能说话。这样每个人都只能轮流发言。

8. 学生有时更愿意向教师抱怨，而不是直接与同学讨论问题。要鼓励他们尝试独立解决问题，然后请合作效果不佳的小组与教师共同讨论他们遇到的困难。

9. 为小组预留时间，以便他们讨论如何能够更好地开展活动，并且思考未来开展活动的有效方法。

10. 那些不能和小组同伴友好相处的学生，不要轻易地就将他们调离小组。教师要跟学生强调，除非他们学会与他人共同学习，否则不会重新分组。如果我们轻易将他们调离，就剥夺了学生在小组中学会克服困难的机会。

11. 想办法增强小组间积极互赖（见第三章）的程度。例如，给小组每个成员不同的信息，要求他们通过分享信息来完成学习任务，如切块拼接法（见第三章）所倡导的那样。

12. 教师要准备能够促进学生积极性的奖励或庆祝。例如可以考虑什么样的奖励对学生来说是很重要的，然后再去准备。

13. 当学生在小组中都有各自的角色与作用时，他们会合作得更好。

14. 先从随机分组开始，强调分到哪个组要看各自的运气。随机分组的方法如下：

◇ 用数字分组，公式是学生的人数除以每组教师所需的人数。因此如果班里有40个学生，4个人一组，那么40除以4是10组。为了使分组多样化，教师也可以根据学生使用的语言的不同来进行分组。

◇ 除了报数，还可以让学生报词语（Johnson & Johnson, 1998）。我们在黑板上写上这些词语，比如，一些著名的科学家的名字，而科学家名字的个数就是所要划分的小组的数量。

◇ 发给班里的每个学生某一类型的卡片，例如动物。有几种不同类型的卡片，就分成几组。分到同样卡片的学生组成一组。例如，如果卡片上有多种动物，学生可以模仿动物的叫声来寻找组员。

15. 邀请学生根据特定标准自行分组，如生日月份、喜欢的颜色、喜爱的食物或电影等。这有助于打消他们对合作学习的犹豫。

16. 通过组队活动来帮助学生互相了解，例如食品展览、美术展览，音乐鉴赏等。（见第二章）

学生之间发生争吵，教师如何将争吵引导成富有成效的争论？

1. 与全班一起讨论并制定小组规则。
2. 教导学生有礼貌地对待分歧，帮助学生发现争议的好处。（见第七章）
3. 在整个课程中强调合作的重要性。合作不是一种教学方式，而是教

合作学习
实用技能、基本原则及常见问题

学内容。

4. 要求学生使用"讲述/阐述"（见第七章）来复述对方说过的话。要让对方听懂，而且尝试去理解他人，这样往往能有效地减少争吵。

5. 指定一个学生担任促进员。（见第六章）

6. 将学生讨论的内容通过录像或录音记录下来，这有助于学生明了他们之间的交流。

学生对小组合作学习参与度低，教师该如何处理？

1. 确保学生已经很清楚地理解了课程中合作学习的内容，并且这些内容与他们的目标紧密联系，例如在考试中取得好成绩。整个课程的所有部分都要配合良好。

2. 开展具有游戏性质的合作学习活动，例如学生团队学习法（Slavin, 1990, pp.66—78）或者两真一假（见第一章）。

3. 尝试需要不同能力的合作学习活动（见第六章），例如音乐律动或者身体运动。

4. 与教师同僚和你认为在合作中得益的其他人共同讨论，鼓励他们对合作保持热情。

如果学生想单独进行学习，教师该如何处理？

1. 合作包含了个别学习和小组活动的形式，例如，在小组开展项目活动时，学生通常需要单独调研、写作和陈述。教师有必要向学生指出小组活动中需要个别学习的部分。

2.学生喜欢独自学习，这也许和他们以往不成功的小组活动体验有关。对此，教师要设法查明原因，向学生阐明合作学习如何能解决他们的担忧，并指出合作学习不是把学生置于小组之中而不顾。

3.评估可能是某些学生逃避小组活动的原因之一（见第九章），例如整个小组的成员都会得到同样的成绩。如果选择这样的评估方式，教师需要详细解释原因。如果某个小组成员确实想要离开小组，教师也应提前计划备选方案。

4.增加小组任务的难度、复杂度和时间长度，这有助于学生认识到学习的成功需要同学的帮助。

5.提醒学生与他人合作学习的优点。

6.经常性地开展班级建设和小组建设活动，可以在班级中营造出彼此悦纳、相互欣赏、乐于互助的群体氛围。

7.如果学生在小组中坚决抵触，并有扰乱行为时，教师可以有条件地让其单独学习；但重要的是，不能让学生认为独自学习是其抱怨后的奖赏。以下是一些相关条件：

◇必须完成和小组学习相同的任务。

◇在独自学习了一段时间之后，学生仍须尝试参与小组活动。

◇学生做好计划，以便后期顺利参与小组活动。

某些学生在小组中控制欲过强，教师该如何处理？

由于学生所拥有的经验不同，参与小组活动时的程度常会参差不齐。

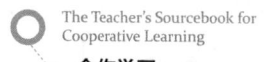

合作学习
实用技能、基本原则及常见问题

这是正常的现象。但是如果每次总是同一批学生不参与到小组活动中来，这是不行的。此时教师可采取如下行动：

1. 让强势的学生观察小组活动。

2. 向学生解释每个人参与小组活动的意义。我们在对他人阐释的同时提升了自身的认识。当他人听取我们的观点时，他们会从中学习，并帮助我们学习，而小组汲取了各个成员的意见，从而帮助每个人不断发展。

3. 运用谈话卡、谈话网技术（见第六章），或者限定每人每轮发言不得超过 20 秒。我们希望在若干次小组活动之后，学生能增强意识，并不再需要这些人为限制来规范他们的行为。

4. 每当小组成员发言时，其中一位学生记录下发言人的名字。学生也可以记录自己的发言所针对的对象，可以是一位同学，或是全班同学。只要在之后查看发言记录，就能清楚地展示每个人的参与情况。

5. 尽量为参与度低的学生安排他们所擅长的任务。

6. 找控制欲强的学生谈话，询问他们为什么不鼓励其他成员参与活动。

7. 控制小组规模。小组规模越小，小组成员参与度越高。从这个方面来说，两两配对是最为理想的小组形式。（见第二章）

8. 在小组中额外安插至少一位擅长帮助和鼓励他人的学生，赞赏他们。

9. 给学生适当的时间为发言做准备，可以选择诸如书写 — 配对 — 分享（见第六章）之类的活动，要求学生在发言之前将观点写在纸上。

10. 许多小组活动中，学生掌握着不同的信息，比如运用了切块拼接法（见第三章）的活动。除非他们互相共享信息，否则小组就不能成功地完成学习任务。

11. 在其他合作活动中为小组的每一位成员提供轮流发言的机会。比如运用"轮流发言""轮流写"。

12. 让不爱发言的学生担任需要发言的角色，比如促进员；而让健谈的学生担任需要倾听的角色,比如记录员。

13. 在小组中设立"检查员"一职。检查员的职责在于确保全体小组成员都能对小组活动的结果进行阐释和说明。

14. 传授轮流替换的合作技能,鼓励他人积极参与小组活动。(见第七章)

15. 为学生提供文本,内有他们在特殊场合需要使用的部分或全部的词语和固定短语。例如,在短语卡片上列出学生出于某种目的,比如赞美别人或询问原因时需要使用的开场白。

16. 所创建的小组需有健谈的成员和不爱发言的成员。

17. 有些学生不善言谈,但他们愿意写作、绘画、歌唱、模仿或参加其他活动。因此,教师可以考虑把活动形式搞得更多样化一些,充分发挥每一个学生的聪明才智。

18. 注意座位的安排,对称地安排座位以便每个学生都能参与。(见第一章)

19. 找出学生不积极参与小组活动的原因,可以通过单独谈话,还可以采用对话日志的方式,让学生在日志中记录他们的思想和经历,而教师和其他学生随后写下他们的想法。原因可能来自家庭、身体或情绪、任务过难或令人困惑、对小组合作的不适应等等。

20. 由于每个学生背景不同,在小组合作学习时,学生参与小组活动的程度时常会参差不齐:有些学生发言踊跃,这是好的现象;但如果每次总是这些学生积极参与,这是不行的。

如果能力稍弱的学生影响了小组其他成员的表现,教师该怎么办?

不可避免的是,小组中总有准备不足或者能力较差的学生影响小组的

The Teacher's Sourcebook for
Cooperative Learning

合作学习
实用技能、基本原则及常见问题

整体表现。请牢记在开展合作学习时，我们要花更多的时间关注问题学生，因为其他学生会很积极地参与到合作学习中去。另外合作学习能够增强学生学习的动机，因为在这个过程中，不仅教师会鼓励学生积极学习，学生也可以从其他同学那里得到激励与启发，所以能力较弱的学生需要更加努力。

1. 在课间或放学后将即将学习的课程教授给能力稍弱的学生，这样他们可以得到其他学生所没有的信息。这样他们便可能在小组中帮助他人，而不是总接受他人的帮助。

2. 鼓励学生寻求解释，并让他们的同学给出解释而不只是答案。韦伯（Webb，1989）的研究表明，如果组员之间所给出的只是答案而不是解释，那么整个小组都学不到真正的知识。如果仅仅只是传递答案，那么这对传递者与接收者都没有帮助。（见第五章）

3. 为小组中的成员准备不同难度水平的资料，这种方法可在切块拼接法活动（见第三章）中使用，还可以参考在第三编中列出的特地为此设计的合作学习资源。

4. 教学生询问解释的合作学习技能。引用一句马来西亚的谚语："如果你不愿意开口问，你就会迷失方向。"

5. 布置一些多重能力的任务（见第六章），这能让所有学生在小组中都有所发挥。

6. 设法鼓励学生帮助那些能力较弱的组员，也要设法让这些组员努力提高自身能力。

7. 针对学生抱怨因为解释资料而放慢进度的情况，费尔德等人（Felder & Brent，1996）建议：如果你问教授："你什么时候真正学会了热力学（或结构分析或中世纪历史）？"所得到的答案总会是"当我需要教给学生这些知识时"。设想你正试图解释一些事，可你的组员并没听懂，你可能会用另一种方式来进行解释，再举个例子，然后以大家熟知的事物来做比喻。如此解释一番之后，你的组员可能还不理解，但是你自己对这件事肯定已了如指掌。

过往经验表明，大多数学生非常聪明，都能将同学拖后腿的情况解释得头头是道，最终还能发现讨论的真相。同样，大多数学生最后都需要在团队内学习，如何进行团队合作也是专业培训的重要部分。

组内学生之间传递的是错误信息，教师该怎么办？

1. 要牢记，理解通常不是徒劳无益的过程。相反，理解是按部就班、逐渐地全面掌握概念的过程。即使我们通过以教师为主的模式来教学，学生仍有可能对概念、定理等存有误解。小组的优势在于这些理解会在小组互动中公之于众，教师能和小组成员们一起解决问题。

2. 查看前述中对能力较弱的学生的处理方法。许多方法在这也可以应用。

3. 小组活动时教师在课堂中巡视。这种做法有助于教师及时发现问题，不至于使小组讨论在错误的路上越走越远。

4. 若班级中有一些小组在活动中均出现了理解错误的情况，教师应当果断地暂停小组活动，向全班学生进行及时讲解以解决问题。

5. 鼓励理解正确的小组帮助还未理解的学生。

6. 在使用切块拼接法（见第三章）之类的合作学习技能时，学生可彼此互教。教师可要求学生回答一些问题，或者在学生在开始教同伴之前先准备好讲稿。教师可以查看他们的讲稿，检查学生是否已为教授小组成员做好准备。

The Teacher's Sourcebook for
Cooperative Learning

合作学习
实用技能、基本原则及常见问题

虽然组内合作良好，但组间没有合作，教师该怎么办？

1. 开展班级建设活动，形成和发展良好的班风。（见第一章）

2. 每个小组可以承担班级整体项目的一部分，如小组研究（见第八章）。这可以促进各小组之间相互分享信息。

3. 一年中每隔一段时间对小组构成进行重新调整（见第二章），也可以偶尔以随机分组的方式在班级中开展一些简短的活动，这样学生就有机会与其他同学组成小组。

4. 鼓励提前完成任务的小组为尚未完成任务的小组提供帮助。

5. 整个班级作为整体来达成目标。例如所达到的平均分要比既定标准高。（见第三章）

第十六章

与其他教师的合作
Collaborating with Other Teachers

不仅学生需要合作，教师同样也可以从彼此的合作中获益。这也与合作价值（见第一章）的原则相符。以下是一些如何与你的同事分享经验的方法。

学校里大部分教师对合作学习不感兴趣时，该放弃与他们合作吗？

1. 说服其他教师的最好方法是给他们举例。邀请他们来观摩你的合作学习教学，或者观看合作学习的课堂录像。

2. 学生也可以帮助说服这些教师。如果学生很喜欢在课堂内开展合作学习，他们会与其他的教师进行讨论。因为学生已经习惯于使用合作学习的方法，如果这些教师再开展合作学习，那么教学会更得心应手。

3. 在各类会议上应用合作学习相关技能，如单位会议或部门聚会上。

4. 向同事介绍与合作学习相关的研讨会课程。

5. 与同事分享教材、视频（见推荐的资源）和其他合作学习资源。

6. 说服行政管理人员在员工会议中应用或允许你应用合作学习相关

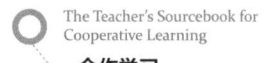

合作学习
实用技能、基本原则及常见问题

技能,这样其他同事可以获得合作学习的直接体验。

7. 要有耐心,提醒自己即使其他教师不采用合作学习的方法,这也并不意味着他们是不合格的教师。

了解到其他教师正在采用合作学习的方法,大家该如何互相帮助?

1. 组建教师研究小组来共同实施合作学习。这种研究小组是自我提高的有力工具。教师们可以在一起探讨教学参考资料(见第三编),也可以通过定期聚会来为彼此提供支持、建议和鼓励。

2. 研究小组的成员可以在教学中教给学生相同的合作技能。

3. 共同备课。即使不教授同一门课程,也并不妨碍彼此间的相互交流和反馈。

4. 每一位教师在课堂尝试运用相同的合作学习技术,并谈谈自己是怎样做到的,对这些合作学习技术又有哪些改进。

5. 如果你们属于不同学科的教师,可以共同设计协调配套的单元内容。比如,数学教师和语文教师可以通过合作形成协调的项目思路。

6. 如果可能的话,有时可以采用团队教学。也就是说让两个教师在同一堂课上同时进行教学。这看起来比较难安排,但确实是一个很好的方法。

7. 教师之间相互听课,并彼此反馈。

◇用录音、录像设备把这节课录下来。

◇作为被听课的教师,应告诉听课教师重点观察哪些方面。

◇事后召开简报会议,互相交流并对比笔记。

8. 切记，教师研究小组也应体现出积极互赖、责任到人和平等参与的面貌。

9. 在合作中利用好教师辅助、家长志愿者以及其他有用的要素。

教师互助小组应努力达到何种目标？

1. 在备课时有意识地结合合作学习的要素。

2. 在备课时，合作学习部分应占课堂内容的 50% 以上。

3. 在小组中使用合作学习的技能和概念。

4. 寻找与其他学校教师联系的方法。

5. 与其他感兴趣的教师分享。

6. 将小组视为一架四级阶梯，教师需要帮助组员和其他教师攀爬这架梯子。

  A. 最底阶梯 —— 不使用任何技能的小组。

  B. 第二阶梯 —— 不使用合作学习技能和原则的小组。

  C. 第三阶梯 —— 使用合作学习技能和原则的小组。

  D. 最高阶梯 —— 使用各种方式如让成员积极思考、使用图形组织者、不断练习各种与思维能力重叠的合作技能，比如阐述、总结和询问原因等来促进合作学习的小组。

7. 探索能将合作价值观融入学校生活的方法，例如：

◇ 班级之间的合作。

◇ 服务性学习（见第八章）。

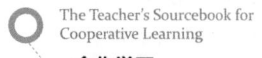

合作学习

实用技能、基本原则及常见问题

合作学习适合哪些教学改变？为什么？

1. 以学生为中心的教学方法（见第一章）。因为在合作学习中学生能够发挥更大和更多样的作用。

2. 全球教育和价值观教育（见第一章）。因为学习与他人合作从而达成共同目标是创造更美好的世界的基础。

3. 异质课堂（见第二章）。在这种课堂上学生能学习其他文化并超越成见，与有别于自身的他人进行有意义的交流。

4. 基于语义的和互动的教学方式（见第五章）。因为学生的发言量会猛增。

5. 多元能力的教学（见第六章）。因为它使学生有机会发展人际智力以及其他智能。

6. 思维技能（见第七章）。因为与他人的解释和讨论能够提高我们的思维能力。

7. 学习者的自主权（见第八章）。因为合作学习使学生脱离以教师为中心的课堂。

8. 任务型教学。因为在现实生活中，大多数任务是与他人合作完成的，如服务性学习（见第八章）。

9. 学习策略培训。因为许多有用的学习策略需要共同合作。

10. 重视多种学习方式的教学。因为合作学习拓展了教学模式和学习方式。

第十七章
与行政管理人员和家长的合作
Working with Administrators and Parents

除了学生和其他教师,行政管理人员和家长(和其他监管者)是促进学习的两大关键因素。我们需要在合作学习中争取这些人员的支持。

行政管理人员和家长担忧合作学习难以应付多项选择测试题,教师该如何应对?

1. 耐心地提醒他们,达到目标的最短距离并不总是直线。例如,研究表明增加词汇量的最好方法不是背诵单词表,而是大量阅读。换句话说,尽管学生在小组中无须测试,但共同学习不失为一种准备的好方式。这就如同建筑中使用的脚手架,小组为学生提供支持,使他们最终得以独立学习。

2. 如果学生可以把自己所理解的概念解释给同学听,那么说明他们的确掌握了这个概念。爱因斯坦曾经说过:"只有当你能把事情解释给你的祖母听时,才证明你真正理解了这件事。"同样也要帮助他人建立自信。

3. 为了准备考试,学生可以在合作学习小组内完成往年或练习用的测验试卷(或是教师出的模拟卷)。以下是两种可行的方法:

合作学习

实用技能、基本原则及常见问题

（1）两人一组，每组学生一次练习10到20个题目。学生一起做题，写出答案。如果两人得出的答案不同，就把两个都记录下来，事后根据标准答案来核对。两组学生之间互相讨论做错的题目并得出解释。如果仍不能解决做错的题目（或两组在这一题目上都产生了差错），那么与第三组学生进行讨论。教师只在最后时刻提供咨询。

（2）将简单的棋盘游戏（如掷骰子、移动标记）与测试项目结合起来使用。把试卷题目裁剪成条，每条一道题目，并放在信封内。每个小组各4名成员，分配一个信封、答案卡片、游戏板（可以用8.8英寸×14英寸的白纸自制）和一个骰子。学生自己准备标记的物件（如硬币、橡皮擦、回形针）。组内成员轮流掷骰子，骰子移动到他们的标记时，便回答信封中的问题，而小组另一成员则核对答案卡片上的答案。回答错误的学生须回到游戏开始时他所在的位置。小组在核对答案前后应就每一道题目进行讨论。

开展这些活动（包括第一个活动）时，教师需要准备完整的练习测试复印件以便分发，这样学生就不需要将内容抄在笔记本上。

合作学习是否能给教师足够的时间去完成教学大纲中要求的教学内容？

1. 一开始，合作学习的进度会比较慢，因为教师自身也需要学习，需要时间把它与其他课程相融合。学生需要时间学习如何合作并熟悉合作学习的技能。但之后合作学习的速度就会加快，也会更有效。因为在合作学习中，学生的学习会更成功，对学习会更加充满热情，而且每个人都能从他人的想法中获益。

2. 多年的研究表明，诸如合作学习之类的以学生为中心的学习策略要优于纯粹授课的形式，因为它有助于改善长期记忆，改变态度，提高解决问题的能力，发展合作技能。这些长远收益值得付出大量努力和时间。

3. 如果改编后的教学大纲中包括终身学习的目标，例如"学习与他人合作"，那么合作学习将被视为教学大纲的组成部分。

4. 通过应用合作学习，教师不需要重复知识点和相关例子来加以强调，因为这些都在小组活动中得以加强。

5. 个人活动可以在课外进行，例如，利用图书馆或电脑进行学习。通过这种方式，我们有更多的课堂活动时间来促进交流互动，如合作学习活动。

6. 在传统的课堂上，学生知道他们不必阅读指定的材料，因为教师的讲解会涵盖所有的重点。通过合作学习，我们可以把课堂时间用于疑难点，加深讨论并加以应用。学生应做好应对来自同学的压力的准备，以便更好地进行小组活动。

如何与不支持合作学习的行政管理人员沟通？

1. 课程督导与发展协会（ASCD，参见本书第三编）是一个国际性组织，许多行政管理人员参与其中，并出版提倡合作学习的读物。该协会所出版的杂志《教育领导》上有很多关于合作学习的文章，其中最优秀的一些文章已经集出版（Brandt, 1991）。ASCD还出版了一本关于合作学习的西班牙语图书（Johnson, Johnson, & Holubec, 1993）

2. 我们可以向行政管理人员出示许多相关研究，以表明合作学习与学习中的很多因素都有关联，如自尊、对学校的喜爱感、民族间的关系以及高阶思维等。这些均由研究各个年龄段以及各个学科领域学生的实践得出（见Baloche, 1998; Davidson & Worsham, 1992; Johnson & Johnson, 1998;

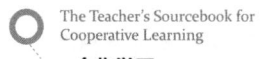

合作学习

实用技能、基本原则及常见问题

Kagan, 1994; Kohn, 1992; Sharan, 1994; Slavin, 1995)。

3. 我们可以提醒行政管理人员，现在有许多与课程相关的文件，从学校的政策到国家的课程层面，都倡导开展小组活动，学习与他人合作所需的技能和态度（见第一章）。

4. 如果行政管理人员担心教室里吵闹声过大，教师可采取书中所建议的措施（见第十一章）。同时，帮助行政管理人员明了吵闹的不同类别，学生在合作学习中的吵闹是富有成果的声音。

5. 指出合作学习能帮助学生学会如何学习。

6. 强调学校有责任帮助培养具有合作技能和态度的学生。

7. 讨论合作型学校的概念，其中积极互赖（见第三章）不仅存在于小组和班级之中，还存在于整个学校的管理之中。关于这个观点约翰逊兄弟（1994）和夏朗等人（Sharan, Shachar, & Levine, 1999）撰写过优秀的图书。

8. 促使行政管理人员与广泛应用合作学习并取得成功的其他同行进行交谈。

9. 最重要的是，请他们考察你的合作学习教学。成功的案例是提倡所有教学方法最好的证据。

Resources for
Cooperative Learning

第三编
合作学习资源

合作学习文本资源
CL Print Resources

Baloche, L. (1998). *The cooperative classroom: Empowering learning.* Upper Saddle River, NJ: Prentice Hall.

Bennett, B., Rolheiser-Bennett, C., & Stevahn, L. (1991).*Cooperative learning: Where heart meets mind.* Toronto, Canada: Educational Connections.

Brandt, R. S. (Ed.).(1991). *Cooperative learning and the collaborative school: Readings from Educational Leadership.* Alexandria, VA: Association for Supervision and Curriculum Development.

Brody, C. M., & Davidson, N. (Eds.).(1998). *Professional development for cooperative learning: Issues and approaches.* Albany: State University of New York Press.

Buzan, T. (1994). *The mind map book: How to use radiant thinking to maximize your brain's untapped potential.* New York: Dutton.

Cohen, E. (1994). *Designing groupwork: Strategies for the heterogeneous classroom* (2nd ed.). New York: Teachers College Press.

Covey, S. (1990). *The 7 habits of highly effective people.* New York: Fireside Books.

Davidson, N., & Worsham, T. (Eds.).(1992). *Enhancing thinking through cooperative learning.* New York: Teachers College Press.

Deci, E. L., & Ryan, R. M. (1985). *Intrinsic motivation and self-determination in human behavior.* New York: Plenum.

Deutsch, M. (1949). A theory of cooperation and competition. *Human Relations, 2,* 129-152.

Dishon, D., & O'Leary, P. W. (1993). *A guidebook for cooperative learning: A technique for creating more effective schools.* Holmes Beach, FL: Learning Publications.

Dishon, D., & O'Leary, P. W. (1998). *A guidebook for cooperative learning: A technique for creating more effective schools* (2nd ed.). Holmes Beach, FL: Learning Publications.

Dumas, A. (1998). *The three musketeers.* (Lowell Bair, Trans.) New York: William Morrow. (Original work published 1844.)

Felder, R. M., & Brent, R. (1996). Navigating the bumpy road to student-centered instruction. *College Teaching, 44,* 43-47. Retrieved June 6, 2002, from http://www2.ncsu.edu/unity/lockers/users/f/felder/public/Papers/Resist.html

Forest, L. (2001). *Crafting creative community: Combining cooperative learning, multiple intelligences, and nature's wisdom.* San Clemente, CA: Kagan Publications.

Gardner, H. (1993). *Multiple intelligences: The theory in practice.* New York: Basic Books.

Gibbs, J. (1994). *Tribes: A new way of learning together.* Santa Rosa, CA: Center Source Publications.

Glasser, W. (1986). *Control theory in the classroom.* New York: Harper & Row.

Grineski, S. (1996). *Cooperative play in physical education.* Champaign, IL: Human Kinetics.

Hythecker, V. I., Dansereau, D. F., & Rocklin, T. R. (1988). An analysis of the processes influencing the structured dyadic learning environment. *Educational Psychologist, 23,* 23-37.

Jacobs, G. M., Gan, S. L., & Ball, J. (1997). *Learning cooperative learning via cooperative learning: A sourcebook of lesson plans for teacher education.* San Clemente, CA: Kagan Publications.

Jensen, E. (1998). *Teaching with the brain in mind.* Alexandria, VA: Association for Supervision and Curriculum Development.

Johnson, D. W. (1989). [Leader, cooperative learning workshop]. Honolulu, Hawaii.

Johnson, D. W., & Johnson, R. T. (1986). Computer-assisted cooperative learning. *Educational Technology, 26,* 12-18.

Johnson, D. W., & Johnson, R. T. (1991). *Cooperative learning lesson structures.* Edina, MN: Interaction Book Company.

Johnson, D. W., & Johnson, R. T. (1994). *Leading the cooperative school.* Edina, MN: Interaction Book Company.

Johnson, D. W., & Johnson, R. T. (1998). *Learning together and alone* (5th ed.). Boston: Allyn & Bacon.

Johnson, D. W., Johnson, R. T., & Holubec, E. J. (1993). *Circles of learning* (4th ed.). Edina, MN: Interaction Book Company.

Johnson, D. W., Johnson, R. T., & Smith, K. (1991). *Active learning: Cooperation in the college classroom.* Edina, MN: Interaction Book Company.

Kagan, S. (1994). *Cooperative learning.* San Clemente, CA: Kagan

Publications.

Kagan, S. (1998, September). [Leader, cooperative learning workshop]. Presented by Singapore Teachers Union, Singapore.

Kearney, P. (1993). *Cooperative learning techniques.* Hobart, Tasmania: Artemis Publishing.

Kohn, A. (1992). *No contest: The case against competition* (2nd ed.). Boston: Houghton Miflin.

Kohn, A. (1996). *Beyond discipline: From compliance to community.* Alexandria, VA: Association for Supervision and Curriculum Development.

Luvmour, S., & Luvmour, J. (1990). *Everyone wins! Cooperartive games and activities.* Philadelphia: New Society Publishers.

Mid-Atlantic Association for Cooperation in Education. (1998, September). How to use the "scripts" menu in an ESR (every student response) classroom. *MAACIE Cooperative News,PP.*7-10.

Orlick, T. (1978). *The cooperative sports and games book: Challenge without competition.* New York: Pantheon.

Orlick, T. (1981). *The second cooperative sports and games book.* New York: Pantheon.

Palmer, P. J. (1993). *To know as we are known: Education as a spiritual journey.* San Francisco: Harper.

Palmer, P. J. (1998). *The courage to teach: Exploring the inner landscape of a teacher's life.* San Francisco: Jossey-Bass.

Patton, G. S., Jr. © 2001 Estate of General George S. Patton Jr., c/o CMG Worldwide. Retrieved December 27, 2001, from www.generalpatton.com/quotes.html

Ruddock, J. (1978). *Learning through small group discussion.* Guilford, UK: Society for Research into Higher Education, University of Surrey.

Sapon-Shevin, M. (1999). *Because we can change the world: A practical guide to building cooperative, inclusive classroom communities.* Boston: Allyn & Bacon.

Sharan, S. (Ed.). (1994). *Handbook of cooperative learning methods.* Westport, CT: Greenwood Press.

Sharan, S., Shachar, H., & Levine, T. (1999). *The innovative school: Organization and instruction.* Westport, CT: Bergin & Garvey.

Sharan, Y., & Sharan, S. (1992). *Expanding cooperative learning through group investigation.* Colchester, VT: Teachers College Press.

Slavin, R. E. (1990). *Cooperative learning: Theory, research, and practice.* Englewood Cliffs, NJ: Prentice Hall.

Slavin, R. E. (1995). *Cooperative learning: Theory, research, and practice* (2nd ed.). Englewood Cliffs, NJ: Prentice Hall.

Stiggins, R. J. (1997). *Student-centered classroom instruction* (2nd ed.). Upper Saddle River, NJ: Merrill.

Webb, N. M. (1989). Peer interaction and learning in small groups. *International Journal of Educational Research, 13,* 21-39.

网络资源
Web Sites

1. Association for Supervision and Curriculum Development (ASCD). Retrieved December 27, 2001, from www.ascd.org

该网站提供教育领导力方面的文章与信息。

2. Centre for the Study of Learning and Performance. Retrieved December 23, 2001, from doe.concordia.ca/cslp/Try.htm

加拿大蒙特利尔市肯高迪亚大学的研究中心。他们的目标是通过与学校、管理人员和教师的积极协作,特别是在合作学习和综合技术领域,促进有效的教学和学习策略的实施。

3. CLUME(Cooperative Learning in Undergraduate Mathematics Education). Retrieved December 23, 2001, from www.uwplatt.edu/~clume/

美国数学协会 CLUME 是面向所有高中数学教师的项目,该项目要求教师对在数学课堂上使用合作学习的相关技巧有兴趣。该网站包含电子刊物、适合合作学习课堂使用的数学文本。该网站还有针对数学小组学生的 10 条准则、合作学习工作室的建议以及对合作学习调查的回应。

4. Cooperative Learning Center at the University of Minnesota. Retrieved December 23, 2001, from www.clcrc.com/

该中心提供合作学习的最新研究发展,为公众答疑解惑并提供其他公开发行刊物和资料。共同负责人为罗杰·T. 约翰逊(Roger T. Johnson)和戴维·W. 约翰逊（David W. Johnson）。

5. The Cooperative Learning Network. Retrieved December 23, 2001, from www.sheridanc.on.ca/coop_learn/cooplrn.htm

合作学习网是由加拿大安大略省谢里登学院的工作人员们创立的，他们在这一网上分享、支持和倡导使用合作学习，他们还上传了合作学习技术指南。

6. Educational Resources Information Center (ERIC). Retrieved December 29, 2001, from searcheric.org/

该网站提供很多与合作学习相关的热点信息。

7. Richard Felder's Homepage. Retrieved December 26, 2001, from www2.ncsu.edu/unity/lockers/users/f/felder/public/Cooperative_Learning.html

理查德在北卡罗来纳州立大学教授工程学。该网页上提供了很多合作学习需要的资料。

8. Hong Kong Cooperative Learning Center. Retrieved December 23, 2001, from www.ln.edu.hk/hkclc/

该中心与中国香港以及中国内地及亚洲其他地方的大学及学校合作。他们的网站包括与他们有关的学者的通讯和出版物。主要调查员为迪安·乔斯佛德（Dean Tjosvold）。

9. Cooperative and Collaborative Learning Page of the Centre for Enhances Learning and Teaching at the Hong Kong University of Science and Technology. Retrieved May 20, 2002, from celt.ust.hk/ideas/ccl/

该网站为希望使用合作学习的大学教师提供实用的建议。在明尼苏达大学合作学习中心的戴维·约翰逊还提供了与合作学习有关的讲座的视频。

10. Instructional Innovation Network：Cooperative Learning in Higher

Education. Retrieved December 26, 2001, from www.bestpractice.net/FMPro?-db=null.fp5&-format=/CLHE/CLHE.htm&-view

本网站为中层教育人员提供包括文章和教学计划等在内的资源。

11. International Association for the Study of Cooperation in Education (IASCE). Retrieved December 23, 2001, from miavx1.acs.muohio.edu/~iascecwis/

罗列了介绍合作学习的主要互联网机构。

12. George Jacobs's Homepage. Retrieved December 23, 2001, from www.georgejacobs.net

详见该网站的"合作学习"一栏。

13. The Jigsaw Classroom. Retrieved December 23, 2001, from www.jigsaw.org/index.html

该网站包含有关切块拼接法活动的信息，这是最古老、最著名的合作学习技巧之一。该网站主要介绍了切块拼接法的历史，描述了如何实施技术、排除困难，以及该领域的相关图书和文章，还有该技术的发起者之一埃里奥特·阿伦森（Eliot Aronson）近期的工作。

14. Pete Jones's Home Page. Retrieved December 26, 2001, from www.geocities.com/Paris/LeftBank/3852/cooplearn.html

皮特·琼斯（Pete Jones）是加拿大安大略省派恩里奇中学（Pine Ridge Secondary School）现代语言的主管，这一网站介绍了他和别人开发的合作学习的策略。

15. Kagan Cooperative Learning. Retrieved December 26, 2001, from www.kaganonline.com

本网站提供通讯、问答、研讨会信息，在该网站上还可购买卡干及其同事在合作学习和相关主题方面的大量材料。

16. Mid-Atlantic Association for Cooperation in Education (MAACIE).

Retrieved December 23, 2001, from www.geocities.com/~maacie/

该组织在美国大西洋中部地区推广合作学习。该网站包含从 MAACIE 摘录的通讯文章。

17. National Institute for Science Education (NISE). Retrieved December 29, 2001, from www.wcer.wisc.edu/nise/CL1/CL/default.asp

NISE 的合作学习页面提供了大学讲师应用合作学习案例的故事，网站上还有许多有用的技巧、对各种技巧的解释、对常见问题的回应和资源清单。

18. Program for Complex Instruction (PCI), Stanford University. Retrieved December 23, 2001, from www.stanford.edu/group/pci/

本网站介绍了伊丽莎白·科恩（Elizabeth Cohen）、雷切尔·洛丹（Rachel Lotan）及其同事所关注的合作学习团体的社会学工作，特别是对团体成员之间地位差异的处理。

19. Ted Panitz's Homepage. Retrieved December 23, 2001, from home.capecod.net/~tpanitz

泰德·帕尼茨（Ted Panitz）在马萨诸塞州西巴恩斯特布的科德角社区学院教授数学。他的个人主页上包含了两本电子书，一本是关于合作学习的，一本是关于课程写作的。该网站上还包含了他在网络上进行的一系列综合性的讨论。

20. Success for All Foundation (SFAF). Retrieved December 23, 2001, from www.successforall.net/

SFAF 是一个非营利组织，致力于学前教育、小学和中学改革模式的开发、评估和传播，该组织还特别关注为处于危险中的许多儿童提供服务。合作学习是他们模型的关键组成部分。该组织由罗伯特·斯莱文（Robert Slavin）及其同事创立。

译后记
Postscript

由乔治·M. 雅各布斯等人合作编写的《合作学习：实用技能、基本原则及常见问题》一书是"新班级教学译丛"中的一本，由杭州师范大学教育学院马兰教授编译全书主要内容框架，浙江大学教育学院教育博士林晶晶翻译全书。

最初看到这本书是在原书刚刚出版的时候，大约是 2003 年。当时，雅各布斯在他的个人网站上介绍了很多合作学习的资源，其中就包含了他刚出版的这本书。我很喜欢其图文并茂、言简意明、通俗活泼的写作风格。当时，我正在编写《合作学习》一书，雅各布斯的这本书和美国明尼苏达大学合作学习研究中心约翰逊兄弟有关合作学习的理论，为我的写作提供了丰富的营养源泉。

其实，从 20 世纪 80 年代末开始，我就对合作学习理论充满了学习和研究的热情，不断地在教师培训的课堂教学中尽己所能地向老师们推介合作学习的理论和方式。但实事求是地说，在实际的教学中，直到 21 世纪初开始大力倡导"主动、合作、探究"的课程与教学改革的新学习方式之后，合作学习才真正为中小学教师所重视，并逐渐在课堂教学中得到推广使用。但是，由于各种原因，目前合作学习的应用远没有达到常态化。课堂依旧，教学依旧，学生的学习方式也基本依旧。

合作与沟通是世界各国一致认可的面向 21 世纪的核心素养。我们应该明白，不是课堂需要合作，而是正在课堂教学中接受知识和技能学习的、必须具有可持续学习与发展能力的新一代在走向社会创新创业、享受美满

译后记

生活的时候需要合作——他们必须与人交往，与人合作。勇立潮头的新人需要从小学会合作，学会沟通，学会欣赏同伴、悦纳自我。课堂不应该是独善其身的场所，而应该成为协同努力的天地。所谓新班级教学，应该是在一个充满了勃勃生机和温情友爱的合作课堂中开展的。

当我们看到天马出版社（Skyhorse Publishing）2016年出版的这本书时，就觉得应该及时予以引进，介绍给广大中小学老师。后来进一步了解到，这本书其实是戈温出版社（Corwin Press）2002年版的重印本。细细读后我们觉得，虽然此时距离原书出版已经过去了14年，但它依然能吸引读者，能给广大中小学教师以思维启迪，尤其是作者对各种简便易行的合作学习方法的介绍、对教师在运用合作学习中产生的困惑的阐释，都让我们觉得它确实非常有价值，应该及时介绍给读者。本书的写作以合作价值、异质分组、积极互赖、责任到人、同时互动、平等参与、合作技能和小组自治八条合作学习的基本原则为主线，在阐述各条原则中渗透介绍合作学习的具体操作方式，把讲道理、用方法和列图示巧妙结合，写作上通达、易懂。

最近，中共中央和国务院办公室联合发布了《关于深化教育体制机制改革的意见》，在谈到健全立德树人系统化落实机制时，着重提到了要注重培养支撑终身发展、适应时代要求的四种关键能力——认知能力、合作能力、创新能力和职业能力。我们相信，本书的翻译出版会对推进中小学合作学习的常态化起到一定的帮助，是对注重培养支撑终身发展、适应时代要求的合作能力这一要求的一种积极响应。我们真诚期望能够早日实现合作学习专家卡干所说的：合作学习，今天学了明天就能用，一生都管用。

2017年10月8日

图书在版编目（CIP）数据

合作学习：实用技能、基本原则及常见问题／
（新加坡）乔治·M.雅各布斯，（美）迈克尔·A.帕瓦，（新加坡）劳·范恩著；
林晶晶，马兰译.—宁波：宁波出版社，2018.9（2022.6 重印）
（新班级教学译丛）
ISBN 978-7-5526-3234-7

Ⅰ.①合… Ⅱ.①乔… ②迈… ③劳… ④林… ⑤马…
Ⅲ.①教学研究 Ⅳ.① G420

中国版本图书馆 CIP 数据核字（2018）第 119225 号

Chinese simplified translation from the English language edition:
The Teacher's Sourcebook for Cooperative Learning: Practical Techniques, Basic Principles, and Frequently Asked Questions
by George M. Jacobs, Michael A. Power, Loh Wan Inn
Copyright © 2002 George M. Jacobs, Michael A. Power, Loh Wan Inn
This work is published by Corwin Press, Inc. (wholly owned by SAGE Publications, Inc. in United States)

本书简体中文版由 Corwin Press, Inc.（wholly owned by SAGE Publications, Inc. in United States）授权宁波出版社独家翻译出版。未经宁波出版社书面许可，不得以任何方式复制或抄袭本书内容。版权所有，侵权必究。

版权合同登记号：图字：11-2018-381 号

合作学习：实用技能、基本原则及常见问题
HEZUO XUEXI：SHIYONG JINENG、JIBEN YUANZE JI CHANGJIAN WENTI
（新加坡）乔治·M.雅各布斯，（美）迈克尔·A.帕瓦，（新加坡）劳·范恩 著；林晶晶，马兰 译

出版发行	宁波出版社
	（宁波市甬江大道 1 号宁波书城 8 号楼 6 楼　315040）
策划编辑	陈　静
责任编辑	方　妍　陈　静
责任校对	朱璐艳　李　强
印　　刷	宁波白云印刷有限公司
开　　本	710mm×1000mm　1/16
印　　张	14.5
字　　数	200 千
版次印次	2018 年 9 月第 1 版　2022 年 6 月第 3 次印刷
标准书号	ISBN 978-7-5526-3234-7
定　　价	40.00 元